सत्य ही ईश्वर है

(ईश्वर, ईश्वर साक्षात्कार तथा अनुभव और ईश्वर परायण जीवन सम्बन्धी गांधी जी के लेखों और भाषणों से चुने हुए वचन)

मोहनदास कर्मचन्द गांधी

संपादक
आर. के. प्रभु

डायमंड बुक्स

ISBN : 978-81-288-2399-2

प्रकाशक : डायमंड पॉकेट बुक्स (प्रा.) लि.
X-30, ओखला इंडस्ट्रियल एरिया, फेज-II
नई दिल्ली-110020
फोन : 011-41611861
फैक्स : 011-41611866
ई-मेल : sales@dpb.in
वेबसाइट : www.dpb.in
संस्करण : 2018
मुद्रक : आदर्श प्रिंटर्स

SATYA HI ISWAR HAI
by : Mohandas Karamchand Gandhi

दो शब्द

गांधीजी द्वारा जीवन के विविध क्षेत्रों में प्राप्त, की हुई सिद्धियों से संसार आश्चर्यचकित हो गया है, लेकिन उन्होंने इन सिद्धियों को प्राप्त करने की शक्ति कैसे पाई और उसका विकास कैसे किया, यह जानने की अभिलाषा संसार भर के लोग रखते हैं।

गांधीजी के जीवन और उनकी साधना के विषय में विचार करने से मालूम होता है कि यह शक्ति उन्हें सत्य की आराधना और ईश्वर-विषयक दृढ़ श्रद्धा से प्राप्त हुई थी। उनके साधना-काल में सत्य तथा ईश्वर-तत्त्व सम्बन्धी उनकी भावना और विचारों का धीरे धीरे विकास होता गया। पहले वे मानते थे और कहते थे कि ईश्वर सत्य है। बाद में वे कहने लगे कि 'सत्य ही ईश्वर है।' गांधीजी की इस भावना का तथा विचारों का विकास कैसे हुआ, यह जानने से प्रत्येक जिज्ञासु और साधारण मनुष्य को यह बात समझ में आती है कि जीवन के कानून अर्थात् ईश्वर-तत्त्व क्या है।

श्री आर. के. प्रभु ने गांधीजी के इन विषयों से सम्बन्ध रखने वाले वचनों का संग्रह अंग्रेजी में किया है, जो नवजीवन ट्रस्ट की ओर से प्रकाशित हो चुका है। श्री चक्रवर्ती राजगोपालाचार्य ने उस संग्रह की जो प्रस्तावना लिखी है, उससे लोकशिक्षण की दृष्टि से इस पुस्तक का महत्त्व समझ में आता है। उनकी प्रस्तावना इस प्रकार है:

> नवजीवन के व्यवस्थापक-ट्रस्टी प्रचलित फैशन और भ्रम के शिकार हो गये हैं। वे चाहते हैं कि गांधीजी की धर्म और ईश्वर-संबंधी रचनाओं में से चुने गये अंशों के संग्रह के लिये मैं दो शब्द लिखूं। यह विषय और मूल लेखक दोनों ही ऐसे हैं कि श्री जीवणजी को यह 'भूमिका की भूख' नहीं होनी चाहिये थी! परन्तु फैशन इतना प्रबल है कि इन सब बातों के बावजूद वे भी दूसरों जैमा ही कर रहे हैं और मुझसे यह सर्वथा अनावश्यक काम करा रहे हैं।

व्यक्ति और राष्ट्र दोनों के लिये ईश्वर और इसलिये धर्म साधारण स्वस्थ जीवन की मौलिक आवश्कतायें हैं। इस पुस्तक में पाठक इन विषयों पर गांधीजी को अपने जीवन के अत्यंत परिपक्व काल के तीस वर्षों में विभिन्न अवसरों पर अपने हृदय से बोलते हुये देखेंगे। एक आधुनिक महापुरुष, जिसने अपने जीवन में बहुत बडे-बड़े काम किये, ईश्वर और धर्म के विषय पर क्या सोचता था, यह बात इस कठिन काल में शिक्षित स्त्री-पुरुषों के लिये बोधप्रद सिद्ध हुए बिना नहीं रह सकती।

अन्य प्रचलित धर्मों की पृष्ठभूमि पर मंदिर या मूर्तिपूजा का समर्थन करते हुए गांधीजी लिखते हैं : "हम मानव-परिवार के सब मनुष्य दार्शनिक नहीं हैं। किसी न किसी तरह हमें कोई ऐसी वस्तु चाहिये जिसे हम छू सकें, जिसे हम देख सकें, जिसके सामने हम घुटने टेक सकें। इसका कोई महत्त्व नहीं कि वह चीज कोई पुस्तक है या पत्थर की खाली इमारत है या पत्थर की ऐसी इमारत है जिसमें अनेक मूर्तियां निवास करती हों।"

एक दूसरी जगह वे कहते हैं : "हिन्दू धर्म ऐसे असीम महासागर की तरह है, जिसमें असंख्य अमूल्य रत्न भरे हैं। उसमें जितनी गहरी डुबकी लगाइये उतने ही अधिक रत्न मिलेंगे।"

जो कोई यह समझना चाहता है कि हमारे राष्ट्रपिता कैसे पुरुष थे, उसे यह पुस्तक जरूर पढ़नी चाहिये। संभव है कोई धर्म के बारे में ऐसी बात न भी सीखना चाहे जो हमारे धर्मशास्त्रों अथवा अन्य धर्मग्रंथों में नहीं है। परन्तु यहां तो हमें एक महापुरुष के मन का एक पहलू मिलता है–एक ऐसे महापुरुष का जिससे हमें प्रेम है और जिसका हमारा राष्ट्र उपकार मानता हैं । इस पुस्तक का धार्मिक शिक्षा की किसी पुस्तक से कहीं अधिक मूल्य है।

मद्रास, 11-4-'55

यह संग्रह हिन्दी पाठकों के लिये उपयोगी सिद्ध होगा, इसी ख्याल से उसका यह हिन्दी संस्करण पाठकों के समक्ष रखते हुये हमें हर्ष होता है। हमें पूरा विश्वास है कि जीवन के उद्देश्य और उसकी सार्थकता के संबंध में प्रकट किये जाने वाले विचारों के भंवर में पड़े हुए लोगों को, ख़ास करके नौजवानों को यह संग्रह मददगार साबित होगा।

इसका हिन्दी अनुवाद श्री रामनारायण चौधरी ने किया है।

अहमदाबाद

अनुक्रमणिका

1

मेरी खोज

मैं केवल सत्य का शोधक हूं। मेरा दावा है कि मुझे सत्य का रास्ता मिल गया है। मेरा दावा है कि मैं सत्य को पाने का सतत प्रयत्न कर रहा हूं। परंतु मैं स्वीकार करता हूं कि मुझे अभी तक वह मिला नहीं है। सत्य को पूरी तरह प्राप्त कर लेना अपने को और अपने लक्ष्य को प्राप्त कर लेना है, अर्थात् संपूर्ण हो जाना है। मुझे अपनी अपूर्णताओं का दु:खद भान है और इसमें मेरा सारा बल समाया हुआ है, क्योंकि अपनी मर्यादाओं को जान लेना मनुष्य के लिये दुर्लभ वस्तु है।

यंग इंडिया, 17-11-'21

अगर मैं पूर्णता प्राप्त कर चुका होता, तो मैं मानता हूं कि मुझे अपने पड़ोसियों के–आसपास के लोगों के दु:ख दर्द का वैसा अनुभव नहीं होता, जैसा कि अभी मुझसे होता है। पूर्णता की स्थिति में मैं उनके दु:खों को देखता, देखकर उन्हें अपने ध्यान में रखता, उपाय का निर्देश कर देता और अपने असंदिग्ध सत्य के बल से लोगों द्वारा उस पर अमल करता। परंतु अभी तक मुझे उतना ही धुंधला दिखाई देता है जितना कांच में से दिखाई देता है; और इसलिये मुझे धीरे-धीरे और परिश्रमपूर्ण क्रियाओं द्वारा अपनी बात मनवानी पड़ती है और फिर भी हमेशा इसमें सफलता नहीं मिलती। ऐसी हालत में यह जानते हुए कि देश में ऐसा दु:ख फैला हुआ है जो दूर किया जा सकता है और यह देखते हुए कि विश्व-नियन्ता की आंख के नीचे ही नर-कंकाल मौजूद हैं, अगर मैं भारत के इन करोड़ों पीड़ित किन्तु मूक मानव-प्राणियों के साथ हमदर्दी न रखूं और उनके दु:ख से दु:खी न होऊं, तो मैं अपनी मनुष्ता से गिर जाऊंगा।

यंग इंडिया, 17-11-'21

मैं तो अपने पथ पर कठिनाई से बढ़ रहा एक ऐसा दुर्बल प्राणी हूँ, जो पूरी तरह शुद्ध और सात्विक बनने के लिये तड़प रहा है, जो पूरी तरह मन-कर्म-वचन से सत्यपरायण और अहिंसक बनना चाहता है, परंतु जिस आदर्श को वह सच्चा मानता है उस तक पहुंचने में सदा असफल रहता है। यह एक कष्टपूर्ण चढ़ाई है, परंतु मेरे लिये इसका कष्ट एक सच्चा आनन्द है। ऊपर की ओर एक-एक कदम बढ़ाने पर मुझे पहले से ज्यादा शक्ति महसूस होती है और अगला कदम उठानें की योग्यता प्राप्त होती है।

यंग इंडिया, 9-4-'25

मुझे रास्ता मालूम है। वह कठिन और तंग है। वह खांडे की धार की तरह दुर्गम है। मुझे उस पर चलने में मजा आता है जब फिसल जाता हूं तो रोता हूँ। परन्तु ईश्वर का अभय-वचन है कि 'जो प्रयत्न करता है उसका कभी नाश नहीं होता।' मुझे इस वचन में अटूट श्रद्धा है। इसलिये यद्यपि मुझे अपनी कमजोरी के कारण हजार बार असफलता मिलती है, फिर भी मैं श्रद्धा नहीं छोड़ूंगा और आशा रखूंगा कि किसी न किसी दिन जब इंद्रियां पूरी तरह मेरे काबू में आ जायंगी तब मुझे उस प्रकाश का दर्शन अवश्य होगा।

यंग इंडिया, 17-6-'26

मैंने उस अंतर्यामी को देखा नहीं है और न उसे जाना है। मैंने ईश्वर में दुनिया का जो विश्वास है उसी को अपना लिया है और चूंकि मेरी श्रद्धा अमिट है इसलिये उस श्रद्धा को मैं अनुभव के समान समझता हूं। परंतु चूंकि इसके खिलाफ यह आक्षेप किया जा सकता है कि श्रद्धा को अनुभव बताना सत्य का अपलाप है, इसलिये शायद यह कहना अधिक सही होगा कि ईश्वर में अपने विश्वास का ठीक वर्णन करने के लिये मेरे पास शब्द नहीं हैं।

आत्मकथा (अंग्रेजी) 1948; पृ. 341

मेरा दावा है कि मैं बचपन से ही सत्य का पुजारी हूं। मेरे लिये यह सबसे सहज और स्वाभाविक वस्तु थी। मेरी भक्तिपूर्ण खोज ने मुझे 'ईश्वर सत्य है' के प्रचलित मंत्र के बजाय 'सत्य ही ईश्वर है' का अधिक गहरा मंत्र दिया। यह मंत्र मुझे ईश्वर को मानों अपनी आँखों के सामने प्रत्यक्ष देखने की क्षमता

प्रदान करता है। मैं अनुभव करता हूँ कि वह मेरी रग-रग में समाया हुआ है।

हरिजन, 9-8-'42

अहिंसा मेरा ईश्वर है और सत्य मेरा ईश्वर है। जब मैं अहिंसा को ढूढ़ता हूं तो सत्य कहता है : 'मेरे द्वारा उसे खोजो।' जब मैं सत्य की तलाश करता हूं तो अहिंसा कहती है : 'मेरे जरिये उसे खोजो।'

यंग इंडिया, 4-6-'25

ऐसे सर्वव्यापी सत्यनारायण का साक्षात्कार करने के लिये मनुष्य के मन में छोटे से छोटे प्राणी के प्रति अपने ही जैसा प्रेम होना चाहिये। और जो मनुष्य इसकी आकांक्षा रखता है वह जीवन के किसी क्षेत्र से बाहर नहीं रह सकता। इसी कारण से मेरे सत्यप्रेम ने मुझे राजनीति के क्षेत्र में घसीट लिया है; और मैं बिना किसी संकोच के किन्तु पूरी नम्रता के साथ कह सकता हूं कि जो लोग यह कहते हैं कि धर्म का राजनीति के साथ कोई संबंध नही है वे नहीं जानते कि धर्म का क्या अर्थ है।

आत्मकथा (अंग्रेजी) 1948; पृ. 615

मैं मानव-जाति की सेवा के द्वारा ईश्वर-दर्शन का प्रयत्न कर रहा हूं, क्योंकि मैं जानता हूं कि ईश्वर न तो ऊपर स्वर्ग में है, न नीचे किसी पाताल में; वह तो हर एक के हृदय में विराजमान है।

आत्मकथा (अंग्रेजी) 1948; पृ० 615

मुझे पृथ्वी के नश्वर राज्य की कोई आकांक्षा नहीं है। मैं तो स्वर्ग के राज्य अर्थात् मोक्ष के लिए प्रयत्न कर रहा हूं। अपने उद्देश्य की पूर्ति के लिए मुझे किसी गिरि गुफा की शरण लेने की आवश्यकता नहीं है। अगर मैं समझ सकूं तो वह गुफा मेरे भीतर ही मौजूद है। गुफावासी गुफा में रहते हुए भी मन के महल बना सकता है, जबकि जनक जैसा महल में रहने वाला ऐसा नहीं करता। गुफा में रहने वाला विचार के पंखों पर बैठकर संसार का चक्कर लगाता रहे तो उसे शान्ति नहीं मिलती। लेकिन जनक जैसे लोग 'शान-शौकत' से रहते हुए भी अकल्पनीय शान्ति प्राप्त कर सकते हैं। मेरे लिए मोक्ष का मार्ग यही है कि मैं अपने देश की और

देश के द्वारा मानवजाति की सेवा के लिए अविश्रान्त परिश्रम करता रहूँ। मैं सब प्राणियों के साथ, एकता स्थापित करना चाहता हूँ।

मैं न केवल मानव कहलाने वाले प्राणियों के साथ ही भाईचारा या एकता महसूस करना चाहता हूँ, बल्कि सब प्राणियों के साथ, यहां तक कि पृथ्वी पर रेंगने वाले जीवों के साथ भी एकता साधना चाहता हूँ। आपको आघात न पहुंचे तो मैं यह कहूँगा कि हम एक ही ईश्वर की सन्तान होने का दावा करते हैं और अगर ऐसा है तो नाम-रूप कुछ भी हों, समस्त प्राणी वास्तव में एक ही है।

यंग इंडिया, 4-4-'29

'गांधीवाद' जैसी कोई वस्तु नहीं है; और मैं अपने पीछे कोई संप्रदाय छोड़कर नहीं जाना चाहता। मेरा यह दावा नहीं है कि मैंने कोई नया सिद्धान्त या धर्म निकाला है। मैंने अपने ढंग से केवल सनातन सत्यों को दैनिक जीवन और उसकी समस्याओं पर लागू करने की कोशिश की है। सत्य और अहिंसा अनादि काल से चले आये हैं। मैंने केवल भरसक विशाल पैमाने पर जिन दोनों के प्रयोग करने की कोशिश की है। ऐसा करते हुए मैंने कभी-कभी भूलें की है और अपनी भूलों से शिक्षा प्राप्त की है। जिस प्रकार जीवन और उसकी समस्यायें मेरे लिए सत्य और अहिंसा के अभ्यास के अनेक प्रयोग बन गयी हैं।

हरिजन, 28-3-'36

सत्य और अहिंसा में मेरी श्रद्धा दिन-दिन बढ़ रही है। और ज्यों ज्यों मैं उन्हें अपने जीवन में उतारने का प्रयत्न कर रहा हूँ, त्यों त्यों प्रत्येक क्षण मेरा भी विकास हो रहा है। मुझे उनके नये-नये गूढ़ार्थ सूझ रहे हैं। मुझे उनमें रोज नई रोशनी नजर आती है और नये नये अर्थ मालूम होते हैं।

हरिजन, 2-3-'40

2

ईश्वर है

एक अनिर्वचनीय रहस्यमयी शक्ति है जो सर्वत्र व्याप्त है। मैं उसे अनुभव करता हूं, यद्यपि देखता नहीं हूँ। यह अदृश्य शक्ति अपना अनुभव तो कराती है, परंतु उसका कोई प्रमाण नहीं दिया जा सकता; क्योंकि जिन वस्तुओं का मुझे अपनी इंद्रियों द्वारा ज्ञान होता है उन सबसे वह बहुत भिन्न है। वह इंन्द्रियों की पहुंच के बाहर है।

परंतु एक ख़ास हद तक ईश्वर के अस्तित्व को बुद्धि के द्वारा भी साबित किया जा सकता है। साधारण मामलों में भी हम जानते हैं कि लोगों को यह पता नहीं होता कि कौन उन पर शासन करता है या क्यों करता है और कैसे करता है। फिर भी वे जानते हैं कि कोई ऐसी शक्ति अवश्य है जो उन पर शासन करती है। अपने पिछले साल के मैसूर के दौरे में मैं कई गरीब देहातियों से मिला और पूछने पर मुझे पता चला कि उन्हें यह मालूम नहीं है कि मैसूर में किस का राज्य है। उन्होंने केवल इतना कहा कि किसी देवता का राज्य है। अगर उन गरीब लोगों का ज्ञान अपने राजा के बारे में इतना सीमित है, तो मुझे -मैं ये गरीब लोग अपने राजा से जितने छोटे हैं उसकी अपेक्षा ईश्वर से अनेक गुना छोटा हूँ- आश्चर्य न होना चाहिये, अगर मैं राजाओं के राजा ईश्वर की हस्ती को अनुभव न करूं। फिर भी जैसा उन गरीब देहातियों को मैसूर के बारे में अनुभव होता था, वैसा ही मुझे भी अवश्य अनुभव होता है कि विश्व में व्यवस्था है, हर एक प्राणी और प्रत्येक वस्तु पर शासन करने वाला एक अटल नियम है और यह कोई अन्धा नियम नहीं है। क्योंकि सजीव प्राणियों के आचरण को नियमित करने वाला कोई नियम अन्धा नहीं हो सकता; और सर जगदीशचन्द्र बसु की अद्भुत खोजों से अब तो यह भी साबित किया जा

सकता है कि जड़ पदार्थों में भी जीवन है। सब प्राणियों का शासन करने वाला यह नियम ही ईश्वर है। नियम और नियामक एक ही है। मुझे नियम या नियामक के बारे में बहुत थोड़ा ज्ञान है, केवल इसीलिए मैं उनके अस्तित्व से इनकार नहीं कर सकता। जैसे किसी पार्थिव शक्ति के अस्तित्व का इनकार करने से या उसके अज्ञान से मेरा कोई लाभ नहीं होगा, इसी तरह ईश्वर और उसके नियम को न मानने से मैं उसके अमल से मुक्त नहीं हो जाऊंगा; जब कि जिस तरह किसी सांसरिक राज्य को स्वीकार कर लेने से उसके अधीन जीवन आसान हो जाता है, उसी प्रकार दैवी सत्ता को नम्र होकर चुपचाप स्वीकार कर लेने से जीवन की यात्रा सरल हो जाती है।

मैं अस्पष्ट तौर पर यह जरूर अनुभव करता हूं कि जब मेरे चारों ओर हर चीज हमेशा बदल रही है, नष्ट हो रही है, तब इस सारे परिवर्तन के पीछे कोई चेतन शक्ति ऐसी है जो बदलती नहीं है, जो सबको धारण किये हुए है, जो सर्जन करती है, संहार करती है और फिर नया सर्जन करती है। यह जीवनदायी शक्ति ही ईश्वर है। और चूंकि केवल इंद्रियों द्वारा दिखाई देने वाली और कोई भी चीज न स्थायी है और न हो सकती है, इसलिए एकमात्र ईश्वर का अस्तित्व है।

यह शक्ति कल्याणकारी ही या अकल्याणकारी? मैं देखता हूं कि यह सर्वथा कल्याणकारी है, क्योंकि मुझे दिखाई देता है कि मृत्यु के बीच जीवन कायम रहता है, असत्य के बीच सत्य और अंधकार के बीच प्रकाश स्थिर रहता है। जिससे मुझे पता चलता है कि ईश्वर जीवन है, सत्य है और प्रकाश है। वही प्रेम है। वही परम मंगल है।

परंतु जो ईश्वर केवल बुद्धि को संतोष देता है वह ईश्वर नहीं है। ईश्वर तभी ईश्वर है जब वह हृदय पर शासन करता हो तो उसका रूपान्तर करता हो। उसे अपने भक्त के छोटे से छोटे काम में प्रगट होना चाहिये। यह तभी हो सकता है जब पांचों इंद्रियों से होने वाले ज्ञान से भी अधिक वास्तविक रूप में उसका निश्चित साक्षात्कार प्राप्त किया जाय। इंद्रियों से होने वाला ज्ञान हमें कितना ही वास्तविक दिखाई दे, वह झूठा और भ्रमपूर्ण हो सकता है और अकसर होता है। लेकिन इतीन्द्रिय ज्ञान अचूक होता है। जिसका प्रमाण बाहरी सबूतों से नहीं मिलता। परंतु जिन लोगों ने ईश्वर के वास्तविक अस्तित्व को अपने भीतर अनुभव किया है, उनके आचरण और चरित्र में होने वाले परिवर्तन से मिलता है।

ऐसा प्रमाण सब देशों में होने वाले पैगम्बरों और ऋषियों की अटूट परंपरा के अनुभवों में पाया जाता है। जिस प्रमाण को अस्वीकार करना अपने आपको न मानने के बराबर है।

इस तरह के साक्षात्कार की पूर्वगामी शर्त है- अटल श्रद्धा। जो व्यक्ति अपने अन्दर ईश्वर की उपस्थिति के सत्य की जांच करना चाहता है, उसे पहले जीवित श्रद्धा का विकास करना चाहिये। श्रद्धा के द्वारा ही वह ऐसा कर सकता है। और चूंकि स्वयं श्रद्धा किसी बाह्य प्रमाण से साबित नहीं की जा सकती, इसलिए सबसे सुरक्षित मार्ग यह है कि संसार के नैतिक शासन में और इसलिए नैतिक कानून में, सत्य और प्रेम के नियम की सर्वोपरिता में, विश्वास किया जाय। जहां सत्य और प्रेम के विपरीत सब बातों का सर्वथा त्याग करने का स्पष्ट संकल्प है, वहां श्रद्धा रखना सबसे सुरक्षित उपाय है।

किसी बौद्धिक उपाय से मैं दुनिया में बुराई के अस्तित्व का कारण नहीं समझा सकता। ऐसा करने की इच्छा रखना मानो ईश्वर की बराबरी करना है। इसलिए मैं नम्रतापूर्वक यह मान लेता हूं कि बुराई का अस्तित्व है और मैं ईश्वर को अत्यन्त सहनशील और धैर्यशाली इसीलिए कहता हूं कि वह संसार में बुराई होने देता है। मैं जानता हूं कि उसमें बुराई नहीं है। उसने बुराई पैदा तो की है, परंतु वह उससे अछूता है।

मैं यह भी जानता हूं कि अगर मैं प्राणों की बाजी लगाकर भी बुराई के खिलाफ युद्ध नहीं करूंगा तो मुझे ईश्वर का ज्ञान कभी नहीं होगा। मेरा यह विश्वास मेरे अपने ही नम्र और सीमित अनुभव से दृढ़ हुआ है। मैं जितना शुद्ध बनने की कोशिश करता हूं, उतनी ही ईश्वर से निकटता अनुभव करता हूं। जब मेरी श्रद्धा आज की तरह नाममात्र की न रहकर हिमालय की भांति अचल और उसके शिखर पर चमकने वाली बर्फ की तरह धवल और तेजस्वी हो जायेगी, तब मैं उससे कितनी अधिक निकटता अनुभव करूंगा? तब तक मैं अपने पत्र लेखक से कहूंगा कि वह कार्डिनल न्यूमैन के साथ उसका यह अनुभव से निकला हुआ भजन गाये:

''हे प्रेमल ज्योति, चारों और घिरे हुए अंधकार में तू मुझे रास्ता बता।
रात अंधेरी है और मैं घर से दूर हूं। तू मुझे रास्ता बता।
तू मेरे पैरों को थामे रह, मैं दूर का दृश्य देखना नहीं चाहता;
मेरे लिए एक कदम ही काफी है।''

यंग इंडिया, 11-10-'28

3

एक ईश्वर ही है

मेरी दृष्टि में ईश्वर सत्य और प्रेम है; ईश्वर नीति और सदाचार है; ईश्वर अभय है। ईश्वर प्रकाश और जीवन का स्रोत है, फिर भी इन सबसे ऊपर और परे है। ईश्वर अन्तरात्मा है। वह नास्तिक की नास्तिकता भी है, क्योंकि अपने नि:सीम प्रेम के कारण वह उसे भी रहने देता है। वह हृदयों की जांच करता है। वह वाणी और बुद्धि से परे है। वह हमें और हमारे हृदयों को खुद हमसे भी अधिक जानता है। वह जो कुछ हम कहते हैं उसी को नहीं मान लेता, क्योंकि उसे मालूम है कि हममें से कुछ जान-बूझकर और दूसरे अनजाने अकसर जो कहते हैं वह करते नहीं। जिन्हें उसके व्यक्तिगत अस्तित्व की जरूरत है, उनके लिए वह व्यक्ति रूप है। जिन्हें उसके स्पर्श की आवश्यकता है, उनके लिए वह साकार है। वह शुद्धतम सार है। जिनमें श्रद्धा है उनके लिए वह केवल सत् स्वरूप है। वह सब मनुष्यों के लिए प्रत्येक की भावना के अनुसार सब कुछ है। वह हमारे भीतर है और फिर भी हमसे ऊपर और परे है। कोई कांग्रेस में से 'ईश्वर' शब्द को निकाल सकता है, परन्तु स्वयं ईश्वर को निकाल देने की शक्ति किसी में नहीं है। ईश्वर के नाम पर कहना और शपथपूर्वक कहना, इन दोनों में क्या फर्क है? और जिसे conscience (सदसद्-विवेक की सहज शक्ति) कहा जाता है, वह सरल तीन अक्षरों के समूह 'ईश्वर' शब्द का ही खींच-तानकर किया गया किन्तु अपूर्ण अर्थ है। अगर उसके नाम पर वीभत्स दुराचार या अमानुषिक अत्याचार किये जाते हैं, तो इससे ईश्वर का अस्तित्व मिट नहीं सकता। वह बड़ा सहनशील है। वह धैर्यवान है, परंतु भयंकर भी है। वह इस लोक में और परलोक में सबसे कठोर व्यक्ति है। वह हमारे साथ वही बरताव करता है, जो हम अपने मनुष्य और पशु पड़ोसियों के साथ करते हैं। उसके सामने अज्ञान का बहाना नहीं चल

सकता। पर साथ ही वह क्षमाशील भी है, क्योंकि वह हमें पश्चात्ताप का हमेशा मौका देता है। वह सबसे बड़ा लोकतंत्रवादी है, क्योंकि उसने हमें बुराई और अच्छाई के बीच अपना चुनाव खुद कर लेने की पूरी छूट दे रखी है। उसके बराबर आज तक कोई ज़ालिम भी नहीं हुआ है, क्योंकि वह कई बार हमारे मुंह तक आये हुए कौर को छीन लेता है और इच्छा-स्वातंत्र्य की आड़ में हमें इतनी अपर्याप्त छूट देता है कि हमारी बेवकूफी पर वह हंस सके। इसीलिए हिन्दू धर्म इसे उसकी लीला या माया कहता है। हम नहीं है, एक वही है। और अगर हम चाहते हैं कि हमारा अस्तित्व रहे, तो हमें सदा उसके गुणगान करने होंगे और उसकी इच्छा पर चलना होगा। हम उसकी बंसी की तान पर नाचते रहें तो कल्याण ही कल्याण है।

यंग इंडिया, 5-3-'25

अद्वैतवाद और ईश्वर

[एक मित्र के प्रश्नों के उत्तर में गांधी जी ने लिखा:]

मैं अद्वैतवादी हूं, फिर भी द्वैतवाद का समर्थन करता हूं। जगत हर क्षण बदल रहा है और इसलिए मिथ्या है, उसका कोई स्थायी अस्तित्व नहीं है। परंतु सदा बदलते रहने पर भी उसमें कोई चीज ऐसी है जो कायम रहती है, इसलिए वह उस हद तक सत्य है। जिस कारण मुझे उसे सत्य और असत्य दोनों कहने में और इस प्रकार स्वयं अनेकान्तवादी या स्याद्वादी कहलाने में कोई आपत्ति नहीं। परंतु मेरा स्याद्वाद पंडितों का स्याद्वाद नहीं है, उसकी मेरी अपनी विशेष कल्पना है। मैं पंडितों से विवाद नहीं कर सकता। मेरा यह अनुभव रहा है कि अपने दृष्टिकोण से मैं सदा सही होता हूँ और अपने ईमानदार आलोचकों की नजर में अकसर गलती पर होता हूँ। मैं जानता हूँ कि अपनी-अपनी दृष्टि से हम दोनों ही सही होते हैं और इसलिए मैं अपने विरोधियों अथवा आलोचकों की नीयत पर शक करने से बच जाता हूँ। जिन सात अंधों ने हाथी का सात तरह से अलग-अलग वर्णन किया, वे अपने-अपने दृष्टिकोण से ठीक थे, एक-दूसरे के दृष्टिकोण से गलत थे और जो आदमी हाथी को जानता था उसके ख्याल से सही भी थे और गलत भी थे। मैं सत्य की अनेकरूपता के इस सिद्धान्त को बहुत पसन्द करता हूं। इसी सिद्धान्त ने मुझे मुसलमान को उसी की दृष्टि से और ईसाई को उसी की नजर से समझना सिखाया है। पहले मुझे अपने विरोधियों के अज्ञान पर क्रोध होता था। अब मैं उनसे प्रेम करता

हूं, क्योंकि अब मुझे वह दृष्टि मिल गई है, जिससे मैं अपने को दूसरों की नजर से और दूसरों को अपनी नजर से देख सकता हूँ। मैं सारे विश्व को अपने प्रेमालिंगन में बांध लेना चाहता हूँ। मेरा अनेकान्तवाद मेरे सत्य और अहिंसा के सिद्धान्त का-फल है।

मैं ईश्वर को जैसा मानता हूं ठीक वैसा ही उसका वर्णन करता हूं। मैं उसे स्रष्टा और अस्रष्टा दोनों मानता हूं। यह भी मेरी सत्य की अनेकरूपता के सिद्धान्त स्वीकृति का परिणाम है। जैनों के मंच से मैं ईश्वर के अस्रष्टा होने का समर्थन करता हूं और रामानुज के मंच से स्रष्टा होने का। सच तो यह है कि हम सब अकल्पनीय की कल्पना करते हैं, अवर्णनीय का वर्णन करते हैं और अज्ञात को जानना चाहते हैं और इसलिए हमारी वाणी लड़खड़ाती है, अपूर्ण सिद्ध होती है और बहुधा परस्परविरोधी होती है। इसलिए वेदों ने ब्रह्म को 'नेति' 'नेति' कहा है। परंतु वह- उसे 'स:' कहें या 'तत्' -नेति अर्थात् 'यह नहीं' है, फिर भी वह है अवश्य। अगर हम हैं, हमारे माता-पिता है और उनके भी माता-पिता थे, तो यह मानना भी उचित है कि जिस सारी सृष्टि का भी कोई स्रष्टा है। अगर वह नहीं है तो हमारा भी कोई ठौर-ठिकाना नहीं है। यही कारण है कि हम सब एकस्वर से एक ईश्वर को परमात्मा, ईश्वर, शिव, विष्णु, राम, अल्लाह, खुदा, दादा, अहुरमज्द, जिहोवा और गॉड आदि भिन्न-भिन्न असंख्य नामों से पुकारते हैं। वह एक भी है और अनेक भी; वह परमाणु से भी छोटा है और हिमालय से भी बड़ा है। वह महासागर की एक बूंद में भी समा जाता है और सातों समुद्र भी उसका पार नहीं पा सकते। बुद्धि उसे जानने में असमर्थ है। वह बुद्धि की पहुंच या पकड़ के बाहर है। परंतु जिस मुद्दे का मुझे विस्तार करने की जरूरत नहीं है। इस मामले में श्रद्धा अत्यावश्यक है। मेरा तर्क असंख्य धारणाएं बना और बिगाड़ सकता है। मुमकिन है कोई चतुर नास्तिक वाद-विवाद में मुझे हरा दे। परंतु मेरी श्रद्धा की गति मेरी बुद्धि से इतनी तेज है कि मैं सारे संसार को चुनौती देकर कह सकता हूं कि 'ईश्वर था, है और सदा रहेगा।'

परंतु जो ईश्वर के अस्तित्व से इनकार करना चाहते हैं उन्हें ऐसा करने की आजादी है। वह दयालु और करुणामूर्ति है। वह कोई पार्थिव राजा नहीं जिसे अपनी सत्ता मनवाने के लिए सेना की जरूरत हो। वह हमें स्वतंत्रता देता है, पर उसकी करुणा हमें उसकी इच्छा को स्वीकार और पालन करने के लिए बाध्य करती है। लेकिन अगर हममें से कोई उसकी इच्छा के आगे झुकना

पसन्द न करे तो वह कहता है: 'ऐसा ही हो, मत झुको। मेरा सूर्य तुम्हें कम प्रकाश नहीं देगा, मेरे बादल तुम्हारे लिए कम वर्षा नहीं करेंगे। मैं तुमसे जबरन अपनी सत्ता नहीं मनवाऊंगा।' ऐसे परम कृपालु ईश्वर का अस्तित्व नादान लोग न मानें तो न मानें। मैं तो उन करोड़ों सयानों में से हूं, जिनका उसमें विश्वास है, और उसे प्रणाम करने और उसका गौरव गाने में मैं कभी थकता नहीं।

यंग इंडिया, 21-1-'26

4

सत्य ही ईश्वर है

[लंदन की गोलमेज परिषद् से लौटते हुए स्विट्ज़लैंण्ड की एक सभा में पूछे गये एक प्रश्न के उत्तर में गांधी जी ने कहा:]

आपने मुझसे पूछा है कि मैं सत्य को ईश्वर क्यों समझता हूं। अपने बचपन में मुझे हिन्दू शास्त्रों में जिन्हें ईश्वर के सहस्त्र नाम कहा जाता है उनका जप करना सिखाया गया था। परंतु इन सहस्त्र नामों में ईश्वर की सारी नामावली समाप्त नहीं हो जाती। हम जानते हैं- और मेरे ख़्याल में यही सत्य है- कि जितने प्राणी हैं उतने ही ईश्वर के नाम हैं और इसलिए हम यह भी कहते हैं कि ईश्वर अनाम है; और चूंकि ईश्वर के अनेक रूप हैं, इसलिए हम उसे अरूप भी समझते है; और चूंकि वह हमसे कई वाणियों में बात करता है, इसलिए हम उसे अवाक् समझते है इत्यादि-इत्यादि। इसी तरह जब मैंने इस्लाम का अध्ययन किया तब मुझे पता लगा कि इस्लाम में भी ईश्वर के अनेक नाम हैं। जो लोग कहते थे कि ईश्वर प्रेम है, उनके साथ मैं भी कहता था कि ईश्वर प्रेम है। परंतु अपने हृदय की गहराई में मैं यही कहा करता था कि ईश्वर प्रेमरूप होगा, मगर सबसे ज़्यादा तो ईश्वर सत्यरूप है। अगर मानव-वाणी के लिए ईश्वर का संपूर्ण वर्णन करना संभव हो, तो में इस निश्चय पर पहुंचा हूँ, कि मेरे अपने लिए तो ईश्वर सत्य है- सत्य शब्द ही उसका सर्वोत्तम वाचक है। परंतु दो वर्ष पूर्व मैं एक कदम और आगे बढ़ा; मैंने कहा कि न केवल ईश्वर सत्य रूप है, बल्कि सत्य ही ईश्वर है। ईश्वर सत्य है सत्य ही ईश्वर है, इन दोनों वचनों के सूक्ष्म भेद को आप समझ लेंगे। इस नतीजे पर मैं सत्य की पचास वर्ष की दीर्घ, अनवरत और कठिन खोज के बाद पहुंचा हूँ। इसके बाद मुझे पता चला कि सत्य तक पहुंचने का निकटतम मार्ग प्रेम है। परन्तु मैंने यह भी पाया कि कम से कम अंग्रेजी भाषा में 'लव' (प्रेम) शब्द के अनेक अर्थ हैं; और विकास

के अर्थ में मानवप्रेम तो एक मलिन चीज़ है, जो मनुष्य का पतन करती है। मैंने यह भी देखा कि अहिंसा के अर्थ में प्रेम के पुजारियों की संख्या दुनिया में इनी-गिनी ही है। परन्तु सत्य के बारे में दो अर्थ नहीं हैं और नास्तिकों तक ने सत्य की आवश्यकता या शक्ति स्वीकार की है। परन्तु सत्य को ढूंढ़ निकालने की अपनी लगन में नास्तिकों ने ईश्वर के अस्तित्व से भी इनकार करने में संकोच नहीं किया है और अपने दृष्टिकोण से उन्होनें ठीक ही किया है। इस तरह सोचते हुए मेरी समझ में आया कि ईश्वर सत्य रूप है, यह कहने के बजाय मुझे यह कहना चाहिये कि सत्य की ईश्वर है। इस सम्बन्ध में मुझे चार्ल्स ब्रैडलॉ का नाम याद आता है। वे अपने को बहुत उत्साहपूर्वक नास्तिक बताया करते थे। परन्तु मैं उनके बारे में कुछ जानता हूं, इसलिए मैं उन्हें कभी नास्तिक बताया करते थे। परन्तु मैं उनके बारे में कुछ जानता हूं, इसलिए मैं उन्हें कभी नास्तिक नहीं कहूंगा। मैं उन्हें एक ईश्वर-भीरु मनुष्य कहूंगा, ''यद्यपि मैं जानता हूं कि वे इस वर्णन को स्वीकार नहीं करेंगे। यदि मैं उनसे कहूं कि ''मि० ब्रैडलॉ आप एक सत्यभीरु मनुष्य हैं, इसलिए ईश्वर-भीरु मनुष्य हैं'', तो उनका मुंह लाल हो जायेगा। मगर मैं यह कहकर कि सत्य ही ईश्वर है उनके विरोध को सहज ही ठंडा कर सकता हूँ। मैंने अनेक नौजवानों का विरोध इसी तरह ठंडा कर दिया है। 'ईश्वर सत्य है' कहने में एक दूसरी कठिनाई यह है कि ईश्वर का नाम करोड़ों लोगों ने लिया है और उसके नाम पर अवर्णनीय अत्याचार किये हैं। यह बात नहीं है कि सत्य के नाम पर वैज्ञानिक लोग क्रूरताएं नहीं करते। मैं जानता हूं कि सत्य और विज्ञान के नाम पर पशुओं की चीर-फाड़ के सिलसिले में उन पर कैसी अमानुषिक निर्दयताएं की जाती है। सारांश यह कि ईश्वर का वर्णन किसी भी तरह किया जाय, उसमें कई कठिनाईयां हैं। परन्तु मनुष्य का मन एक सीमित वस्तु है और जब आप एक ऐसी सत्ता की कल्पना करते हैं, जो मनुष्य की समझने की शक्ति से परे हैं, तब आपको इन सीमाओं के भीतर रहकर ही प्रयत्न करना पड़ता है।

हिन्दू तत्त्वज्ञान में एक चीज और है; वह कहता है- एक ईश्वर ही है, उसके सिवा किसी और चीज़ की सत्ता नहीं है। यही सत्य आप इस्लाम के कलमे में जोर के साथ कहा हुआ पाते हैं। वहां आपको साफ-साफ कहा गया है कि एक ईश्वर है, और कुछ भी नहीं है। असल में अंग्रेजी शब्द Truth के लिए संस्कृत में जो शब्द है- यानी 'सत्य' -उसका शब्दार्थ ही 'जो है' है। किस कारण से और अन्य कई कारणों से, जो मैं आपको बता सकता हूं, मैं जिस नतीजे पर पहुंचा हूं कि 'सत्य ही ईश्वर है' यह व्याख्या मुझे सबसे

अधिक सन्तोष देती है और जब आप सत्य को ईश्वर के रूप में पाना चाहते हैं, तब उसका एकमात्र अनिवार्य साधन प्रेम अर्थात् अहिंसा ही है। और चूंकि मैं मानता हूं कि अंत में साधन और साध्य समानार्थक शब्द हो जाते हैं, इसलिए मुझे यह कहने में संकोच नहीं होगा कि ईश्वर प्रेम है।

'तो फिर सत्य क्या है?' यह सवाल उठा।

प्रश्न कठिन है, परन्तु मैंने उसे अपने लिए यह कहकर हल कर लिया है कि जो हमारी अन्तरात्मा कहे वही सत्य है। आप पूछेंगे, तब विभिन्न लोग विभिन्न और विरोधी सत्यों की कल्पना कैसे करते हैं? इसका उत्तर यह है कि मानव-मन असंख्य माध्यमों द्वारा काम करता है और मानव-मन का विकास हरएक में एक-सा नहीं हुआ है, इसलिए यह परिणाम तो आयेगा ही कि जो एक के लिए सत्य हो वह दूसरे के लिए असत्य हो और इसलिए जिन लोगों ने सत्य के प्रयोग किये हैं, वे इस परिणाम पर पहुंचे हैं कि इन प्रयोगों में कुछ शर्तों का पालन करना जरूरी है। जैसे वैज्ञानिक प्रयोग सफलतापूर्वक करने के लिए अमुक वैज्ञानिक तालीम चाहिये, ठीक वैसे ही आध्यात्मिक क्षेत्र में प्रयोग करने की योग्यता प्राप्त करने के लिए कठोर प्रारंभिक साधना जरूरी है। इसलिए कोई अपनी अन्तरात्मा की आवाज की बात करे, उसके पहले उसे अपनी मर्यादाएं अच्छी तरह समझ लेनी चाहिये। इस कारण अनुभव के आधार पर हमारा विश्वास है कि जो लोग ईश्वर के रूप में सत्य की व्यक्तिगत खोज करना चाहते हैं, उन्हें पहले कई व्रतों का पालन करना चाहिये; उदाहरणार्थ, सत्य, ब्रह्मचर्य- क्योंकि आप सत्य और ईश्वर के लिए अपना प्रेम और किसी को नहीं दे सकते- अहिंसा, दरिद्रता, अपरिग्रह आदि। अगर आप अपने पर ये पांचों व्रत लागू नहीं करते तो आपको यह प्रयोग शुरू ही न करना चाहिये और भी कई व्रत-नियम आदि बताये गये हैं, परन्तु मैं उन सबकी चर्चा अभी नहीं करूंगा। इतना कहना काफी है कि इन लोगों ने ये प्रयोग किये हैं, वे जानते हैं कि हर एक का अन्तरात्मा की आवाज सुनने का दावा करना उचित नहीं। लेकिन आजकल हर एक आदमी यम-नियम की कोई भी तालीम लिये बिना ही अपने अंतःकरण की आवाज के अधिकार का दावा करता है। इसके फलस्वरूप संसार को इतना असत्य प्रदान किया जा रहा है कि वह हैरान है। इसलिए मैं आपसे सच्ची नम्रतापूर्वक इतना ही निवेदन कर सकता हूँ कि सत्य की प्राप्ति ऐसे किसी व्यक्ति को नहीं हो सकता जिसमें नम्रता की विपुल भावना न हो। अगर आप सत्य के महासागर के तल पर तैरना चाहते हैं तो आपको शून्य बन जाना होगा। इससे आगे मैं इस मोहक मार्ग पर इस समय नहीं बढ़ सकूंगा।

यंग इंडिया, 31-12-'31

5

ईश्वर प्रेम है

वैज्ञानिक हमें बताते हैं कि हमारी यह पृथ्वी जिन परमाणुओं से बनी है, उनमें उन्हें एक-दूसरे के साथ बांध रखनेवाली शक्ति न हो, तो वह चूर चूर हो जाय और हमारा अस्तित्व मिट जाय। यह शक्ति जिस तरह जड़ पदार्थ में है, उसी तरह सारे चेतन प्राणियों में भी होनी चाहिये। चेतन प्राणियों को एक-दूसरे से बांध रखनेवाली, उन्हें जोड़ने और एक करने वाली इस शक्ति का नाम है- प्रेम। उसे हम पिता-पुत्र में, भाई-बहन में और मित्र-मित्र में देखते हैं। परन्तु हमें प्राणी मात्र में उसका उपयोग करना सीखना है और उसके उपयोग में ही हमारा ईश्वर का ज्ञान समाया हुआ है। जहां प्रेम है वहां जीवन है; द्वेष नाश की ओर ले जाता है।

यंग इंडिया, 5-5-'20

यद्यपि प्रकृति में काफी अपकर्षण है, फिर भी वह जीती है आकर्षण के द्वारा। पारस्परिक प्रेम के आधार पर प्रकृति कायम है। मनुष्य विनाश के आधार पर नहीं जीता। स्वप्रेम उसे दूसरों को प्रेम करने और उनके हित का ध्यान रखने के लिए प्रेरित करता है। राष्ट्रों में एकता इसलिए होती है कि जिन व्यक्तियों से वे बनते हैं उनमें पारस्परिक प्रेम का तत्त्व काम करता है। जिस तरह हमने परिवार-धर्म का विस्तार करके राष्ट्रों का निर्माण किया है, उसी तरह किसी दिन हमें राष्ट्रधर्म का विस्तार करके उसे विश्वव्यापी बनाना होगा।

यंग इंडिया, 2-3-'22

मैंने देखा है कि विनाश के बीच भी जीवन कायम रहता है और इसलिए मेरा विश्वास है कि विनाश के नियम से बड़ा कोई नियम अवश्य है। वह नियम

प्रगट होगा तभी सुव्यवस्थित समाज की रचना सम्भव होगी और जीवन जीने योग्य होगा। और अगर वह नियम ही जीवन का सच्चा नियम है, तो हमें दैनिक जीवन में उस पर चलना होगा। जहां कहीं भी विसंवाद पैदा हो, जहाँ भी आपको किसी विरोधी का सामना करना पड़े, वहां आप उसे प्रेम से जीतिये। मैंने उक्त नियम अपने जीवन में इसी सादे ढंग से कार्यान्वित किया है। इसका यह अर्थ नहीं कि मेरी तमाम मुश्किलें हल हो गई। मतलब इतना ही है कि मैंने पाया है कि प्रेम के कानून ने जो काम किया है वह विनाश के कानून ने कभी नहीं किया।

यंग इंडिया, 1-10-'31

मेरा विश्वास है कि मानव-जाति की कार्यशक्ति कुल मिलाकर हमें गिराने के लिए नहीं, परन्तु उठाने के लिए है; और यह परिणाम उस निश्चित, भले ही अज्ञात, कार्य का है जों प्रेम का कानून करता है। मानव-जाति कायम है किसी बात से जाहिर होता है कि बिखेरनेवाली शक्ति से मिलाने वाली शक्ति बड़ी है, दूर ले जानेवाली शक्ति से नजदीक लाने वाली शक्ति बड़ी है।

यंग इंडिया, 12-11-'31

अगर प्रेम या अहिंसा हमारे जीवन का धर्म नहीं है,... तो समय-समय पर होने वाली उन लड़ाइयों से हम बच नहीं सकते, जो भयंकरता में एक से बढ़कर एक होती है।

हरिजन, 26-9-'36

जितने धर्मोपदेशक गुरु आज तक हुए हैं, उन सबने इस नियम का थोड़े या बहुत जोर के साथ प्रचार किया है। यदि प्रेम जीवन का धर्म न होता, तो जीवन मृत्यु के बीच कायम ही न रहता। जीवन मृत्यु पर एक शाश्वत विजय है। अगर मनुष्य और पशु में कोई बुनियादी फर्क है तो यही है कि मनुष्य दिन-ब-दिन इस धर्म को अधिकाधिक स्वीकार कर रहा है और अपने निजी जीवन में उसका पालन कर रहा है। संसार के प्राचीन और अर्वाचीन सभी सन्त अपने-अपने ज्ञान और सामर्थ्य के अनुसार मनुष्य-जीवन के इसी सर्वश्रेष्ठ धर्म के जीवित दृष्टान्त थे। यह सच है कि हमारे भीतर का पशु बहुत बार विजयी होता है। परन्तु इससे वह धर्म अप्रमाणित नहीं हो जाता, उसके पालन की

कठिनाई जरूर जाहिर होती है। लेकिन एक ऐसे धर्म के पालन का, जो सत्य जितना ही ऊंचा है, कठिन होना ही स्वाभाविक है। जब इस धर्म का पालन सार्वत्रिक हो जायेगा तब स्वर्ग की भांति पृथ्वी पर भी ईश्वर का राज्य हो जायगा। यह याद दिलाने की जरूरत नहीं कि पृथ्वी और स्वर्ग सब हमारे भीतर ही हैं। अपने भीतर की पृथ्वी को हम जानते हैं, पर अपने भीतर के स्वर्ग से हम अपरिचित हैं। अगर यह मान लिया जाता है कि कुछ लोगों के लिए प्रेमधर्म का पालन संभव है, तो यह न मानना धृष्टता है कि और सब लोगों के लिए इसका पालन करना संभव नहीं है। अभी कुछ समय पहले के हमारे पूर्वज नर-भक्षण और कई दूसरी बातें ऐसी करते थे जिन्हें आज हम घृणित कहेंगे। बेशक, उन दिनों में भी डिक शेपर्ड जैसे चन्द व्यक्ति रहे होंगे, जिनकी अपने भाईयों को खा जाने से इनकार करने के (उनके लिए) विचित्र सिद्धान्त का प्रचार करने पर हंसी उड़ायी गई होगी और कदाचित जिन्हें इसके लिए सताया भी गया होगा।

हरिजन, 26-9-'36

ईश्वर कोई ऐसी शक्ति नहीं है, जो दूर कहीं बादलों में रहती हो। ईश्वर हमारे भीतर रहने वाली अदृश्य शक्ति है और पलके आंखों के जितनी निकट हैं उनसे भी वह हमारे ज्यादा निकट है। हमारे भीतर अनेक शक्तियां छिपी हुई पड़ी हैं, जिनका पता हमें सतत संघर्ष से लगता है। इसी प्रकार अगर हम इस सर्वोच्च शक्ति को दृढ़ निश्चय और परिश्रमपूर्वक तलाश करें तो उसे भी पा सकते हैं। उसकी प्राप्ति का ऐसा एक मार्ग अहिंसा का है। यह बहुत जरूरी है, क्योंकि ईश्वर हम सबके भीतर है और इसलिए हमें प्रत्येक मानव-प्राणी के साथ निरपवाद रूप में अपनी एकता सिद्धक करनी पड़ेगी। विज्ञान की भाषा में इसे आश्लेषण (cohesion) या आकर्षण की शक्ति कहते हैं। लोकभाषा में इसे प्रेम कहा जाता है। प्रेम हमें एक-दूसरे के साथ और ईश्वर के साथ बांधता है। अहिंसा और प्रेम एक ही चीज है।

(ता० 1-6-'42 के एक निजी पत्र से)

हरिजन, 28-3-'53

6

ईश्वर सत्-चित्-आनन्द है

'सत्य' शब्द सत् धातु का बना है। सत् का अर्थ है- होना या अस्ति; सत्य का अर्थ हुआ- होने का भाव या अस्तित्व। सत्य के सिवा दूसरी किसी चीज की हस्ती ही नहीं है। परमेश्वर का सच्चा नाम ही 'सत्' या सत्य है। इसलिए परमेश्वर 'सत्य' है ऐसा कहने की अपेक्षा 'सत्य' ही परमेश्वर है ऐसा कहना अधिक उचित है। राजा या सरदार के बिना हमारा काम नहीं चलता, इसलिए उसका 'परमेश्वर' नाम अधिक प्रचलित है और रहेगा। लेकिन विचार करने से मालूम होगा कि 'सत्' या 'सत्य' ही सच्चा नाम है और यही पूरा अर्थ प्रगट करने वाला है।

जहां सत्य है वहां ज्ञान- शुद्ध ज्ञान- है ही। जहां सत्य नहीं है वहां शुद्ध ज्ञान असंभव है। इसलिए ईश्वर नाम के साथ चित् यानी ज्ञान शब्द की योजना हुई है और जहां सच्चा ज्ञान है वहां आनन्द ही आनन्द होता है, शोक होता ही नहीं। और चूंकि सत्य शाश्वत है, इसलिए आनन्द भी शाश्वत होता है। किसी कारण से ईश्वर को हम सच्चिदानन्द नाम से भी पहचानते हैं।

इस सत्य की आराधना के लिए ही हमारी हस्ती है। हमारा प्रत्येक कार्य, प्रत्येक श्वासोच्छ्वास उसी के लिए होना चाहिये। ऐसा करना सीख लेने पर बाकी सारे नियम हमारे हाथ सहज ही लग जाते हैं और उनका पालन भी सरल हो जाता है। सत्य के बिना किसी भी नियम का शुद्ध पालन अशक्य है।

सामान्यत: सत्य का अर्थ केवल सच बोलना ही समझा जाता है। लेकिन सत्य शब्द का प्रयोग यहां विशालतर अर्थ में किया गया है। विचार में, वाणी में और आचार में सत्य का होना ही सत्य है। इस सत्य को जो सम्पूर्णतया समझ लेता है, उसे जगत में दूसरा कुछ भी जानने को नहीं रहता। क्योंकि, जैसा हम

ऊपर कह आये हैं, सारा ज्ञान उसमें समाया हुआ है। उसमें जो न समाये वह सत्य नहीं है, ज्ञान नहीं है। तो फिर उसमें सच्चा आनन्द तो हो ही कैसे सकता है? यदि हम इस कसौटी का उपयोग करना सीख जायें, तो हमें यह जानने में देर न लगे कि कौन-सा कार्य करने योग्य है और कौन-सा त्याज्य है? क्या देखने योग्य है और क्या नहीं; क्या पढ़ने योग्य है और क्या नहीं?

पर यह पारसमाठि-रूप, कामधेनु-रूप सत्य प्राप्त कैसे किया जाय? इसका उत्तर भगवान ने दिया है- अभ्यास और वैराग्य से। अभ्यास यानी एकमात्र सत्य के लिए उत्कट अधीरता और वैराग्य यानी सत्य के सिवा दूसरी सारी वस्तुओं के विषय में आत्यंतिक उदासीनता। फिर भी हम देखें कि एक के लिए जो सत्य है वह दूसरों के लिए असत्य हो सकता है। इससे घबराने का कोई कारण नहीं हैं। परमेश्वर स्वयं भी क्या प्रत्येक मनुष्य को भिन्न नहीं दिखायी देता? फिर भी हम जानते हैं कि वह एक ही है। पर सत्य नाम ही परमेश्वर का है, इसलिए जिसे जो सत्य जान पड़े उसी के अनुसार यह चले तो उसमें दोष नहीं है, इतना ही नहीं बल्कि वही उसका कर्तव्य है। फिर यदि उसमें भूल होगी तो वह अवश्य सुधर जायगी। कारण सत्य की शोध के पीछे तपश्चर्या होती है यानी खुद कष्ट सहन करने की, उसके पीछे मर-मिटने की भावना होती है। इसलिए उसमें स्वार्थ की तो गंध तक नहीं होती। ऐसी निःस्वार्थ शोध में लगा हुआ कोई भी मनुष्य आज तक अन्तपर्यन्त गलत रास्ते पर नहीं गया। गलत रास्ते पर पांव पड़ते ही वह ठोकर खाता है और फिर सीधे रास्ते पर आ जाता है। इसलिए सत्य की आराधना ही सच्ची भक्ति है और भक्ति तो 'सिरका सौदा' है या यों कहें कि हरि का मार्ग है, जिसमें कायरता के लिए कोई स्थान नहीं, जिसमें हार नाम की कोई चीज है ही नहीं। वह 'मरकर जीने का मंत्र' है।

इस प्रसंग में हरिश्चन्द्र, प्रह्लाद, रामचंद्र, इमाम हसन, इमाम हुसैन, इसाई संतो आदि के उदारहरण विचारने योग्य है। यदि हम सब बालक और वृद्ध, स्त्री और पुरुष उठते-बैठते, खाते-पीते, खेलते और काम करते हुए प्रतिदिन सारे समय अपना संपूर्ण ध्यान सत्य की ही खोज में लगायें और जब तक शरीर के नाश के साथ हम सत्य के साथ तद्रूप न हो जायं तब तक ऐसा ही करते रहें तो कितना अच्छा हो! यह सत्यरूप परमेश्वर मेरे लिए रत्न-चिन्तामणि सिद्ध हुआ है; हम सबके लिए वह वैसा ही सिद्ध हो।

मंगल-प्रभात, अध्याय 1

7

ईश्वर और प्रकृति

हम न तो ईश्वर के सब कानूनों को जानते हैं और न हमें उनकी कार्यपद्धति ही मालूम है। बड़े से बड़े वैज्ञानिक या अध्यात्मवादी का ज्ञान भी रजकण जितना ही है। यदि ईश्वर मेरे लिए अपने पार्थिव पिता की भांति कोई व्यक्ति नहीं है, तो इसका मतलब यह है कि वह उससे अनन्त गुना अधिक है। मेरे जीवन की छोटी से छोटी बात भी उसके शासन के अधीन है। मैं शब्दशः मानता हूं कि उसकी मर्जी के बगैर पत्ता भी नहीं हिलता। एक-एक सांस जो मैं लेता हूं उसकी कृपा पर निर्भर है।

हरिजन, 16-2-'34

वह और उसका कानून एक ही है। वह कानून ही ईश्वर है। उसका जो भी गुण बताया जाता है, वह केवल गुण नहीं है। वह स्वयं ही गुणरूप है। वह सत्य है, प्रेम है, कानून है और हजार अन्य वस्तुएं है, जो मनुष्य की बुद्धि सोच सकती है।

हरिजन, 16-2-'34

प्रकृति के नियम अटल है, अपरिवर्तनीय हैं, और चमत्कार का अर्थ यदि प्रकृति के नियमों का भंग या उल्लंघन माना जाय, तो चमत्कार नाम की कोई चीज ही नहीं होती। परंतु हम सीमित प्राणी तरह-तरह की कल्पनायें करते हैं और अपनी क्षुद्र मर्यादायें ईश्वर पर थोपते हैं। हम ईश्वर की नकल कर सकते हैं, मगर वह हमारा अनुकरण नहीं कर सकता। समय का विभाजन हमारे लिए है, उसके लिए नहीं। उसके लिए काल अनन्त है। हमारे लिए भूत है, वर्तमान है, भविष्य है। और महज सौ वर्ष का मानव-जीवन अनन्त काल के सागर में

एक बूंद के सिवा और क्या है?

हरिजन, 17-4-'37

ईश्वर ने अपने खुद के कानूनों में संशोधन करने का स्वयं अपने हाथ में कोई अधिकार नहीं रखा है और न उसे ऐसा कोई संशोधन करने की जरूरत है। वह सर्वशक्तिमान है और सर्वज्ञ है। वह एक ही समय में और बिना किसी प्रयास के भूत, वर्तमान और भविष्य तीनों को जानता है। इसलिए किसी चीज का पुनर्विचार, संशोधन, परिवर्तन या सुधार करने का उसके लिए प्रश्न ही नहीं उठता।

यंग इंडिया, 25-11-'26

हमारा यह पार्थिव जीवन औरतों की कांच की चूड़ियों से भी अधिक क्षण भंगुर है। आप कांच की चूड़ियों को किसी पेटी में बन्द करके सुरक्षित रखें तो हजारों वर्ष तक वे टिक सकती है। परंतु यह पार्थिव जीवन इतना क्षण भंगुर है कि पलभर में नष्ट हो सकता है। इसलिए हमें जो स्वल्प अवकाश दिया गया है, उसका हमें सदुपयोग करना चाहिये, ऊंच-नीच के भेद छोड़ने चाहिये, हृदय की शुद्धि करनी चाहिये और मृत्यु होने पर- जो साधारण कम में अथवा भूकम्प या दूसरी प्राकृतिक विपत्तियों के द्वारा कभी भी आ सकती है- अपने मालिक के सामने खड़े होने को तैयार रहना चाहिये।

हरिजन, 2-2-'34

सभ्य और असभ्य सारे संसार की तरह मेरा भी यह विश्वास है कि मानव-जाति पर आने वाली तमाम विपत्तियां (जैसे 1934 का बिहार-भूकंप) हमारे पापों के कारण आता है। जब यह विश्वास हृदय से पैदा होता है, तो लोग प्रार्थना करते हैं, पश्चात्ताप करते हैं और आत्म-शोधन करते हैं।.... मुझे ईश्वर के उद्देश्य का बहुत सीमित ज्ञान है। ऐसी विपत्तियां ईश्वर अथवा प्रकृति की सनक नहीं है। वे उतने ही निश्चित रूप में नियत नियमों के अध ीन होती हैं, जितनी ग्रहों की चाल उनकी गति के नियमों के अधीन होती है। बात इतनी ही है कि इन घटनाओं का नियंत्रण करने वाले नियमों का हमें ज्ञान नहीं होता और इसलिए हम उन्हें आकस्मिक विपत्तियां अथवा प्राकृतिक उत्पात कहते हैं

हरिजन, 2-2-'34

प्रत्येक भौतिक विपत्ति के पीछे कोई ईश्वरीय हेतु होता है। यह बिलकुल संभव है कि विज्ञान के संपूर्णता को पहुंचने पर किसी दिन हमें वह पहले से ही यह भी बता सके कि भूचाल कब आयेंगे, जैसे आजकल वह हमें ग्रहण के बारे में बता देता है। यह मानव-मस्तिष्क की एक और विजय होगी। परंतु ऐसी एक नहीं, असंख्य विजयों से भी हमारे अन्तर की शुद्धि नहीं हो सकती और इस अन्तःशुद्धि के बिना किसी भी सफलता का कोई मूल्य नहीं है।

हरिजन, 8-6-'35

जो लोग भीतरी शुद्धि की आवश्यकता को समझते हैं, उनसे मैं कहूंगा कि वे मेरे साथ यह प्रार्थना करें कि हमें इन विपत्तियों के पीछे ईश्वर का हेतु समझने की बुद्धि मिले, वे हमें विनम्र बनायें, जब मृत्यु का बुलावा आ पहुंचने तब अपने सिरजनहार के समक्ष खड़े होने को हमें तैयार करें और हम अपने विपत्ति-ग्रस्त भाईयों का- फिर वे कोई भी हों- दुःख बाँटने के लिए सदा उद्यत रहें।

हरिजन, 8-6-'35

यह कहना कि ईश्वर इस दुनिया में बुराई होने देता है भले ही कानों को अच्छा न लगे, परन्तु यदि वह भलाई के लिए जिम्मेदार माना जाता है, तो इससे यह निष्कर्ष निकलता है कि इसे बुराई के लिए भी जिम्मेदार मानना पड़ेगा। क्या ईश्वर ने रावण को अद्वितीय बल का प्रदर्शन नहीं करने दिया? इस बात को समझने में जो कठिनाई महसूस होती है, उसका मूल कारण यह है कि ईश्वर क्या है, इस बात की हमें ठीक पहचान नहीं है। ईश्वर कोई व्यक्ति नहीं है। वह वर्णन से परे है। वह कानून बनाने वाला है, कानून भी है और उसे कार्यान्वित करने वाला भी है। कोई मानव-प्राणी अपने ही हाथ में ये सारी सत्ताएं लेने की गुस्ताखी नहीं कर सकता। अगर करे तो पूरा निरंकुश समझा जायगा। ये सत्ताएं तो उसी को शोभा देती है जिसे हम ईश्वर कहकर पूजते हैं।

हरिजन, 24-2-'46

शुद्ध वैज्ञानिक दृष्टि से ईश्वर भलाई और बुराई दोनों के मूल में है। वह कातिल का खंजर और चीर-फाड़ करने वाले डॉक्टर का चाकू, दोनों का संचालन करता है। परंतु इसके बावजूद हमारे लिए, हमारे जीवन के हित की

दृष्टि से, भलाई और बुराई एक-दूसरे से सर्वथा भिन्न और असंगत हैं। हमारे लिए वे प्रकाश और अंधकार की, ईश्वर और शैतान की प्रतीक है।

हरिजन, 20-2-'37

मैं ईश्वर को कोई व्यक्ति नहीं मानता। मेरे लिए सत्य ही ईश्वर है और ईश्वर का कानून तथा ईश्वर इस अर्थ में भिन्न वस्तुएं या तथ्य नहीं है, जिस अर्थ में कोई दुनियावी राजा और उसका कानून अलग-अलग होते हैं। चूंकि ईश्वर स्वयं कानून है, इसलिए यह कल्पना नहीं की जा सकती कि वह कानून को तोड़ता होगा। इसलिए वह हमारे कार्यों का नियंत्रण नहीं करता और स्वयं हट नहीं जाता। जब हम कहते हैं कि वह हमारे कार्यों का नियंत्रण करता है, तब हम केवल मानव-भाषा का व्यवहार करते हैं और उसे सीमित बनाते हैं। अन्यथा वह और उसका कानून सब जगह विद्यमान हैं और सबका शासन करते हैं। इसलिए मैं ऐसा नहीं समझता कि वह हमारी हर प्रार्थना का हर तफ़सील में उत्तर देता है। परंतु इसमें शक नहीं कि वह हमारे कार्य का नियंत्रण करता है और मैं अक्षरश: मानता हूं कि घास की एक पत्ती भी उसकी मर्जी के बिना न तो उगती है और न हिलती है। हमें जो इच्छा-स्वातंत्र्य प्राप्त है वह खचाखच भरे जहाज के मुसाफिर के इच्छा-स्वातंत्रय से भी कम है।

"ईश्वर से लौ लगाते हुए क्या आपको स्वतंत्रता की भावना अनुभव होती है?"

होती है। तब मुझे यह पराधीनता अनुभव नहीं होती, जो यात्रियों से भरी नाव पर बैठे हुए यात्री को होती है। यद्यपि मैं जानता हूं कि मेरी स्वतंत्रता एक मुसाफिर की स्वतंत्रता से भी कम है, फिर भी मैं उसकी कद्र करता हूं; क्योंकि गीता का यह उपदेश मेरी रग-रग में समा गया है कि मनुष्य इस अर्थ में अपने भाग्य का विधाता स्वयं ही है कि उसे इस स्वतंत्रता का अपनी इच्छानुसार उपयोग करने की स्वतंत्रता है। परंतु परिणामों का नियंता वह नहीं है। जहां उसने अपने को नियंता माना वहीं वह ठोकर खाता है।

हरिजन, 23-3-'40

8

ईश्वर दरिद्रनारायण के रूप में

मानव-जाति ईश्वर को- जो मनुष्य की बुद्धि के लिए अगम्य है और जिसका वैसे कोई नाम नहीं हो सकता- जिन अनन्त नामों से पहचानती है, उनमें से एक नाम दरिद्रनारायण है; उसका अर्थ है गरीबों का यानी उनके हृदय में प्रगट होने वाला ईश्वर।

यंग इंडिया, 4-4-'29

गरीबों के लिए रोटी ही अध्यात्म है। उन करोड़ों भूखों को आप और किसी तरह प्रभावित नहीं कर सकते। कोई दूसरी बात उनका ध्यान आकर्षित नहीं कर सकती। हां, आप उनके पास भोजन लेकर जाईये, तो वे आपको ही अपना ईश्वर समझ लेंगे। वे और कोई विचार कर ही नहीं सकते।

यंग इंडिया, 5-5-'27

इन्हीं हाथों से मैंने उनके फटे-पुराने कपड़ों की गांठों में बंधे मैले पैसे इकट्ठे किये है। इनसे आधुनिक प्रगति की बातें न कीजिये। उनके सामने व्यर्थ ईश्वर का नाम लेकर उनका अपमान न कीजिये। हम उनसे ईश्वर की बात करेंगे तो वे आपको और मुझे राक्षस बतायेंगे। अगर वे किसी ईश्वर को पहचानते हैं, तो उसके बारे में उनकी कल्पना यही हो सकती है कि वह लोगों को आतंकित करने वाला, दण्ड देने वाला, एक निर्दय अत्याचारी है।

यंग इंडिया, 15-9-'27

मुझे उनके सामने ईश्वर का सन्देश ले जाने की हिम्मत नहीं होनी। मैं उन करोड़ों भूखों के सामने, जिनकी आंखों में तेज नहीं और जिनका ईश्वर उनकी

रोटी ही है, ईश्वर का सन्देश ले जाऊं तो फिर वहां खड़े उस कुत्ते के सामने भी ले जा सकता हूं। उनके सामने ईश्वर का सन्देश ले जाना हो तो मुझे उनके सामने पवित्र परिश्रम का सन्देश ही ले जाना चाहिये। हम यहां बढ़ियां नाश्ता उड़ा कर बैठे हों और उससे भी बढ़िया भोजन की आशा रखते हों, तब ईश्वर की बात करना भला मालूम होता है। मगर जिन लाखों लोगों को दो जून खाने को भी नसीब नहीं होता, उनसे मैं ईश्वर की बात कैसे कहूं? उनके सामने तो ईश्वर रोटी और मक्खन के रूप में ही प्रगट हो सकता है। भारत के किसानों को रोटी अपनी जमीन से मिल रही थी। मैंने उन्हें चरखा दिया, ताकि उन्हें थोड़ा मक्खन भी मिल जाय। अगर आज यहां मैं लंगोटी पहनकर आया हूं, तो इसका कारण यही है कि मैं उन लाखों भूखे, आंधे नंगे और मूक मानव-प्राणियों का एकमात्र प्रतिनिधि बनकर आया हूं।

यंग इंडिया, 15-10-'31

मेरा दावा है कि मैं अपने लाखों-करोड़ों देशवासियों को जानता हूं। मैं दिन-रात उनके साथ रहता हूं। मुझे एकमात्र उन्हीं की चिन्ता है, क्योंकि मैं उस ईश्वर के सिवा, जो लाखों मूक जनों के हृदयों में निवास करता है और किसी ईश्वर को नहीं मानता। वे उसे नहीं पहचानते, पर मैं पहचानता हूँ और मैं उस ईश्वर की, जो सत्य है या उस सत्य की जो ईश्वर है, इन लाखों लोगों की सेवा के द्वारा ही पूजा करता हूँ।

हरिजन, 11-3-'39

मैं तो कहूंगा कि एक तरह से हम सब चोर हैं। अगर मैं कोई ऐसी चीज लेता हूं, जिसकी मुझे तात्कालिक आवश्यकता नहीं है और उसे अपने पास रखता हूं तो मैं उसे किसी दूसरे से चुराता ही हूं। यह प्रकृति का निरपवाद बुनियादी नियम है कि प्रकृति हमारी जरूरत के लायक रोज पैदा करती है; और अगर हरएक अपने लिए उतना ही ले जितना उसके लिए जरूरी हो और उससे अधिक नं ले, तो इस दुनिया में कोई कंगाल नहीं रहेगा, कोई मनुष्य भूख से नहीं मरेगा।

महात्मा गांधीः (1918); पृ० 189

भारत में लाखों-करोड़ों आदमी ऐसे हैं जिन्हें दिन में केवल एक जून खाकर संतोष कर लेना पड़ता है और इस एक जून में भी उन्हें सूखी रोटी और

चुटकी भर नमक के सिवा और कुछ नहीं मिलता। जब तक इन करोड़ों को खाने को अन्न और पहनने को कपड़ा नहीं मिल जाता, तब तक आपके और हमारे पास जो कुछ है उसे रखने का सचमुच हमें कोई हक नहीं है। हमें और आपको जिस बात का ख्याल होना चाहिये, हमें अपनी जरूरतें तदनुसार कम करनी चाहिये और स्वेच्छापूर्वक कष्ट भी सहन करने चाहिये, ताकि उन लोगों की सेवा-शुश्रूषा हो सके और उन्हें अस्त्र-वस्त्र मिल सकें।

महात्मा गांधी (1918); पृ० 189

9

ईश्वर की आवाज

ईश्वर की आवाज सुनने का मेरा दावा नया नहीं है। जहां तक मैं जानता हूं उसे सिद्ध करने का इसके सिवा और कोई रास्ता नहीं है कि परिणामों की जांच की जाए। ईश्वर अपने को सिद्ध करने का विषय बनाये और वह अपने स्वेच्छा-प्रेरित सेवक को कड़ी से कड़ी परीक्षाओं में से पार हो जाने की शक्ति अवश्य देता है। मैं पिछले पचास वर्षों से भी ज्यादा समय से इस अत्यन्त कठोर स्वामी का स्वेच्छा-प्रेरित दास रहा हूं। उसकी आवाज ज्यों-ज्यों वर्ष बीते हैं त्यों-त्यों मुझे अधिकाधिक सुनायी पड़ती रही है। उसने मुझे अधिक से अधिक अंधकारपूर्ण घड़ी में भी छोड़ा नहीं है। कई बार तो उसने मुझे खुद मेरे ही खिलाफ बचाया है और मुझे रंचमात्र भी स्वाधीनता नहीं दी है। उसके प्रति मेरा समर्पण जितना अधिक रहा है उतना ही मेरा आनन्द बढ़ा है।

हरिजन, 6-5-'33

जहां तक मुझे मालूम है किसी ने इस बात पर शंका नहीं की है कि अन्तर्नाद कुछ लोगों को सुनाई पड़ सकता है। और यदि अन्तर्नाद के नाम पर बोलने का किसी एक भी व्यक्ति का दावा सच्चा ठहरे तो इसमें जगत का लाभ ही है। यह दावा बहुत से करेंगे, किन्तु वे सब उसे सत्य सिद्ध नहीं कर सकेंगे। लेकिन झूठा दावा करने वालों को रोकने के लिए उस दावे को दबा रखना ठीक नहीं होगा और दबाना नहीं चाहिये। अन्तर्नाद का दावा यदि कई लोग सचमुच कर सकें तो इसमें कोई आपत्ति नहीं है। लेकिन दुर्भाग्यवश दंभ का कोई इलाज नहीं है। बहुत से लोग सद्गुणों का ढोंग और दिखावा कर सकते हैं, इसलिए उन्हें दबाकर रखना ठीक नहीं हो सकता। अन्तर्नाद के नाम पर बोलने का दावा करने वाले लोग सारी दुनिया में हमेशा होते आये हैं। लेकिन उन की

स्वल्पकालिक प्रवृतियों से दुनिया का कोई नुकसान नहीं हुआ है। कोई मनुष्य अन्तर्नाद सुन सके, उसके पहले उसे लंबी और काफी कठोर साधना करनी पड़ती है और जब सचमुच जो चीज सुनाई पड़ती है वह अन्तर्नाद ही होता है तब उसे पहचानने में भूल हो ही नहीं सकती। कोई दुनिया को चिरकाल तक धोखा नहीं दे सकता। इसीलिए यदि मेरे जैसा अल्प मनुष्य अपनी प्रमाणिक बात कहने में संकोच नहीं करता और जब उसे विश्वासपूर्वक लगे कि उसने अन्तर्नाद सुना है तभी उसके नाम पर बोलने की हिम्मत करता है, तो उससे दुनिया में अंधाधुंधी मचने का कोई भय नहीं है।

हरिजन, 18-3-'33

मेरे लिए ईश्वर की, अन्तःकरण की या सत्य की आवाज या जिसे मैं अन्तर्नाद कहता हूं - सब एक ही अर्थ के सूचक शब्द हैं। मैंने ईश्वर की कोई आकृति नहीं देखी। उसकी मैंने कभी कोशिश नहीं की, क्योंकि मैंने हमेशा ईश्वर को निराकार माना है। मैंने जो आवाज सुनी, वह दूर से आ रही मालूम होती थी, पर साथ ही बिल्कुल समीप भी जान पड़ती थी। वह आवाज जैसी असंदिग्ध थी जैसे कोई मनुष्य प्रत्यक्ष हमसे कुछ कह रहा हो। उसे किसी तरह टाला नहीं जा सकता था। जिस समय मैंने उसे सुना, मैं कोई सपना नहीं देख रहा था। मैं बिल्कुल जाग्रत था। आवाज सुनने के पहले मेरे हृदय में भारी मंथन चल रहा था। एकाएक यह आवाज सुनने में आयी। मैंने उसे ध्यान से सुना। मुझे निश्चय हो गया कि वह अंतरात्मा की ही आवाज है और मेरा चित्त जो व्याकुल था, शान्त हो गया। मैंने निश्चय कर लिया; अनशन का दिन और उसके आरम्भ का समय तय हो गया। मेरा हृदय उल्लास से भर गया। यह सब रात के 11 और 12 के बीच में हुआ। मेरा मन ताजा हो गया और उस के बारे में मैं वह टिप्पणी लिखने लगा जो कि पाठकों ने देखी ही होगी।

हरिजन, 8-7-'33

क्या मैं इस बात का कोई प्रमाण दे सकता हूं कि यह अन्तरात्मा की आवाज ही थी, मेरे उत्तप्त मस्तिष्क की कोई कल्पना-तरंग नहीं थी? जो विश्वास नहीं करता ऐसे शंकाशील के लिए मेरे पास और कोई प्रमाण नही है। उस की इच्छा हो तो वह कह सकता है कि यह सब भ्रम है और मैं आत्म-वंचना का शिकार हुआ हूं। मुमकिन है ऐसा ही हुआ हो। मैं उसके

विरुद्ध कोई प्रमाण नहीं दे सकता। लेकिन यह मैं अवश्य कह सकता हूं कि मेरे खिलाफ सारी दुनिया एकमत से अभिप्राय दे तो भी मुझे इस विश्वास से नहीं हटा सकती कि मैंने जो आवाज सुनी वह ईश्वर की ही आवाज थी।

हरिजन, 8-7-'33

लेकिन कुछ लोग तो ऐसा मानते हैं कि ईश्वर स्वयं हमारी कल्पना की उपज है। अगर यह विचार मान लिया जाए तब तो कुछ भी सत्य नहीं है, सब कुछ हमारी कल्पना की ही उपज है। मगर तब भी जब तक मेरे ऊपर मेरी कल्पना की सत्ता है, तब तक तो मैं उसके अधीन रह कर ही व्यवहार कर सकता हूं। अत्यन्त वास्तविक वस्तुएं भी सापेक्ष-रूप में ही वास्तविक है। मेरे लिए तो मैंने जो आवाज सुनी वह मेरी हस्ती से भी ज्यादा वास्तविक थी। उसने मुझे धोखा नहीं दिया है; और दूसरों का भी यही अनुभव है।

हरिजन, 8-7-'33

और इस आवाज को जो चाहे सुन सकता है। वह हर एक के अन्दर है। लेकिन दूसरी चीजों की तरह उसके लिए भी निश्चित पूर्व-तैयारी की आवश्यकता है।

हरिजन, 8-7-'33

भ्रम का तो कोई प्रश्न ही नहीं है। मैंने एक सीधी-सादी वैज्ञानिक बात कही है। जिनमें आवश्यक योग्यता प्राप्त करने का धैर्य और आकांक्षा हो, वे सब इसकी जांच कर सकते हैं। यह योग्यता भी समझने में नितान्त सरल और जिनमें उसे प्राप्त करने का संकल्प-बल हो उनके लिए नितान्त आसांन है। मैं तो इतना ही कहूंगा: ''तुम्हें किसी दूसरे का नहीं, केवल अपना ही विश्वास करना है। तुम इस अंत की आवाज को सुनने की कोशिश करो। 'अन्तर की आवाज' यह प्रयोग यदि तुम्हें ठीक नहीं मालूम हो तो तुम उसे 'बुद्धि का आदेश' कह सकते हो। तब तुम बुद्धि का आदेश जानने का प्रयत्न करो और उसका पालन करो। तुम ईश्वर का नाम नहीं लेना चाहते तो मत लो, किसी दूसरी चीज का नाम लो। अन्त में तुम देखोगे कि नाम कुछ भी हो, यह चीज ईश्वर ही है। कारण, सद्भाग्य से इस विश्व में ईश्वर के सिवा और कुछ है ही नहीं।'' मैं यह भी कहूंगा कि अन्तर की आवाज की प्रेरणा पर चलने का

दावा करने वाले सब लोगों को सचमुच यह प्रेरणा मिल चुकी होती है, ऐसी बात नहीं है। दूसरी मानसिक शक्तियों की तरह अन्तरात्मा की आवाज़ सुनने की क्षमता प्राप्त करने के लिए भी पूर्व-प्रयत्न और तालीम की जरूरत होती है, शायद किसी दूसरी क्षमता की प्राप्ति के लिए जितना चाहिये उससे कहीं अधिक प्रयत्न और तालीम की। लेकिन उन हजारों लोगों में से, जो उसे सुनने का दावा करते हैं, अगर चन्द भी अपना दावा सही साबित कर सकें, तो हमें इन शंकास्पद दावेदारों का खतरा उठाना चाहिये। जो व्यक्ति ईश्वरीय प्रेरणा या अन्तर की आवाज के आदेश के अनुसार चलने का झूठा दावा करता है, उसे अपने इस झूठ का किसी पार्थिव राजा के नाम पर झूठी सत्ता का दावा करने वाले को जो परिणाम भुगतना पड़ता है, उससे अधिक बुरा परिणाम भुगतना पड़ता है। दूसरे को तो, भेद खुल जाने पर, मात्र शारीरिक दण्ड ही भोगना पड़ता है। लेकिन पहले को शरीर और आत्मा दोनों की क्षति उठानी पड़ती है। उदास आलोचकों ने मुझ पर बेईमानी का दोष नहीं लगाया है, लेकिन उनका ख़्याल है कि बहुत मुमकिन है मुझे कोई भ्रम हो गया है। ऐसा हो तो भी परिणाम उससे बहुत भिन्न होगा जो कि झूठा दावा करने पर होगा। मैं एक विनम्र साधक होने का दावा करता हूं; ऐसी स्थिति में मुझे बहुत सावधान रहने की, अपने मन का सही सन्तुलन बनाये रखने की बड़ी आवश्यकता है। ऐसे साधक को पहले अपने को शून्यवत कर देना होता है, तब कहीं ईश्वर उसका मार्गदर्शन करता है। मैं समझता हूं कि इस सवाल पर इतना कहना काफी है।

'दि बाम्बे कॉनिकल', 19-11-'33

10

ईश्वर का साक्षात्कार

मेरे लिए सत्य सर्वोपरि सिद्धान्त है, जिसमें दूसरे अनेक सिद्धान्तों का समावेश हो जाता है। यह सत्य वाणी का स्थूल सत्य ही नहीं है, परन्तु विचार का सत्य भी है और न केवल हमारी कल्पना का सापेक्ष सत्य है, बल्कि स्वतंत्र चिरस्थायी सत्य है; यानी परमेश्वर ही है। ईश्वर की असंख्य व्याख्याएं हैं, क्योंकि इसकी विभूतियां भी अगणित हैं। ये विभूतियां मुझे आश्चर्यचकित करती हैं और एक क्षण के लिए स्तब्ध भी कर देती हैं। परन्तु मैं ईश्वर की पूजा सत्य के रूप में ही करता हूं। मैंने उसे अभी तक पाया नहीं है, परन्तु मैं उसकी खोज कर रहा हूं। इस खोज में अपनी प्रिय से प्रिय वस्तुओं का भी त्याग करने को मैं तैयार हूं और मुझे विश्वास है कि इस शोधरूपी यज्ञ में अपने शरीर को भी होमने की मेरी तैयारी और शक्ति है। लेकिन जब तक मैं इस केवल सत्य का साक्षात्कार नहीं कर लेता, तब तक मैंने जिस सापेक्ष सत्य की कल्पना की है उसी को मुझे पकड़े रखना चाहिये। तब तक वह सापेक्ष सत्य ही मेरा प्रकाश-स्तंभ, मेरी ढाल और मेरा कमरबन्द रहेगा। यद्यपि यह मार्ग खांडे की धार की तरह तंग और दुर्गम है, फिर भी मेरे लिए वह जल्दी से जल्दी का और आसान से आसान मार्ग रहा है। चूंकि मैंने इस मार्ग का कठोरता से अनुसरण किया है, इसलिए मेरी हिमालय जैसी बड़ी भूलें भी मुझे तुच्छ-सी प्रतीत हुई हैं। कारण, इस मार्ग ने मुझे विनाश से बचाया है और मैं अपने ज्ञान के अनुसार आगे बढ़ता रहा हूं। अपनी प्रगति में मुझे केवल सत्य की, ईश्वर की हल्की हल्की झांकियां होती रही हैं और मेरा यह विश्वास दिन-ब-दिन बढ़ रहा है कि वही सत्य है और सब कुछ असत्य है।

आत्मकथा (अंग्रेजी) 1948; पृ० 6-7

मेरा यह विश्वास भी बढ़ता रहा है कि जो कुछ मेरे लिए संभव है, वह एक बच्चे के लिए भी संभव है और यह कहने के लिए मुझे उचित कारण भी मिले हैं। सत्य की खोज के साधन जितने कठिन हैं उतने ही सरल भी हैं। किसी अंहकारी व्यक्ति को वे सर्वथा असंभव और एक निर्दोष बालक को बिल्कुल संभव दिखायी दे सकते हैं। सत्य के शोधा को रजकण से भी नम्र होना चाहिये। दुनिया धूल को पैरों तले रौंदती है, परन्तु सत्य के शोधक को इतना नम्र बन जाना चाहिए कि धूल भी उसे कुचल सके। तभी और तभी उसे मत्य की झांकी मिलेगी।

आत्मकथा (अंग्रेजी) 1948 पृ. 6-7

ईश्वर में जिस विश्वास की बुनियाद श्रद्धा पर रखनी होगी जो बुद्धि से परे हैं। वास्तव में कथित साक्षात्कार की जड़ में भी श्रद्धा का कुछ तत्व होता है, क्योंकि उस के बिना उसकी सत्यता सिद्ध नहीं हो सकती। वस्तुतः ऐसा ही होना चाहिये। अपने शरीर की मर्यादाओं को कौन लांघ सकता है? मेरा मत है कि जिस सशरीर जीवन में संपूर्ण साक्षात्कार असंभव है। इसकी जरूरत भी नहीं। मानव-प्राणी जितनी अधिक से अधिक आध्यात्मिक उच्चता प्राप्त कर सकते हैं, उसके लिए जरूरत सिर्फ अटल और सजीव श्रद्धा की ही है। ईश्वर हमारे इस पार्थिव शरीर के बाहर नहीं है। इसलिए बाहरी प्रमाण कुछ हो भी तो वह बहुत काम का नहीं है। इन्द्रियों द्वारा ईश्वर पहचानने में हमें हमेशा असफलता होगी, क्योंकि वह इन्द्रियों से परे है। हां, हम इन्द्रियों से अपने को विरत कर लें तो उसका अनुभव कर सकते हैं। दैवी संगीत हमारे भीतर सतत चलता रहता है, परन्तु इन्द्रियों के कोलाहल में वह कोमल संगीत डूब जाता है, क्योंकि वह इन्द्रियों से प्रतीत होने वाली वस्तु से भिन्न और अनन्त गुना श्रेष्ठ है।

हरिजन, 13-6'-36

मैंने देख लिया और मैं मानता हूं कि ईश्वर हमारे सामने शरीर धारण करके नहीं, परन्तु कार्य के रूप में आता है। यही कारण है कि हमारा बुरे से बुरे समय में उद्धार हो जाता है।

हरिजन, 13-6-36

मेरे हर बार के अनुभव ने - जो सदा एक-सा रहा है - मुझे विश्वास करा दिया है कि सत्य के सिवा और कोई ईश्वर नहीं है।...सत्य की जो उड़ती हुई छोटी-छोटी झांकिया मुझे हो पायी हैं, उनसे सत्य के उस अवर्णनीय तेज की कल्पना नहीं हो सकती, जो हमारी आंखों से रोज दिखायी देने वाले सूर्य के तेज से करोड़ गुना अधिक है। सच तो यह है कि जो कुछ मैंने देखा है वह उस महान प्रकाश की हल्की-सी झलकमात्र है। परन्तु मैं अपने तमाम प्रयोगों के परिणाम स्वरूप विश्वासपूर्वक इतना कह सकता हूं कि सत्य के संपूर्ण दर्शन अंहिसा के संपूर्ण पालन के बाद ही हो सकते हैं।

यंग इंडिया, 7-2-'29

मुझे ईश्वर की इच्छा का कोई खास साक्षात्कार नहीं हुआ है। मेरा दृढ़ विश्वास है कि वह अपने को प्रत्येक मानव-प्राणी के सामने रोज प्रगट करता है, मगर हम भीतर की इस शान्त आवाज के लिंए अपने कान बन्द कर लेते हैं। हम अपने सामने के अग्निस्तंभ के प्रति आंखे मूंद लेते हैं। मैं उसकी सर्व-व्यापकता को अनुभव करता हूं।

यंग इंडिया, 25-5-'31

मनुष्य का अन्तिम लक्ष्य ईश्वर-साक्षात्कार है, और उसकी सामाजिक, राजनीतिक और धार्मिक सभी प्रवृत्तियां ईश्वर-दर्शन के अंतिम उद्‌देश्य से प्रेरित होनी चाहिये। समस्त मानव-प्राणियों की तात्कालिक सेवा इस प्रयत्न का आवश्यक अंग बन जाती है। कारण, ईश्वर को पाने का एकमात्र उपाय यह है कि उसे उस की सृष्टि में देखा जाए और उसके साथ एकता अनुभव की जाए। यह सब की सेवा से ही हो सकता है। मैं संपूर्ण का एक अविभाज्य अंग हूं और मैं उसे शेष मानवता से अलग नहीं पा सकता। मेरे देशवासी मेरे निकटतम पड़ोसी हैं। वे इतने असहाय, इतने साधनहीन, इतने जड़ हो गये हैं कि मुझे उनकी सेवा में अपनी सारी शक्ति लगा देनी चाहिये। अगर मुझे यह विश्वास हो जाए कि मैं उसे हिमालय की किसी गुफा में पा सकता हूं, तो मैं तुरन्त वहां के लिए चल पड़ूंगा। परन्तु मैं जानता हूं कि मैं उसे मानवता अलग कहीं नहीं पा सकता।

हरिजन, 29-8-'36

जो अभेद्य अंधकार हमारे चारों ओर छाया हुआ है, वह शाप नहीं बल्कि वरदान है। उसने हमें अपने सामने का कदम ही देखने की शक्ति दी है और अगर दैवी प्रकाश उस कदम को हमें दिखा देता है तो यह हमारे लिए काफी है। तब हम न्यूमैन के साथ मिलकर गा सकते हैं कि 'मेरे लिए एक कदम ही काफी है।' और अपने पिछले अनुभव से हम विश्वास रख सकते हैं कि दूसरा कदम हमें यथासमय हमेशा दिख जायगा। दूसरे शब्दों में, वह अभेद्य अंधकार जैसी हम कल्पना करते हैं वैसा अभेद्य नहीं है। परन्तु अधीर होकर जब हम उस एक कदम से आगे देखना चाहते हैं तब वह अंधकार हमें अभेद्य मालूम होता है।

हरिजन, 20-4-'34

मुझे आपके और मेरे इस कमरे में बैठे होने का जितना विश्वास है, उससे अधिक ईश्वर के अस्तित्व का विश्वास है। और मैं यह भी कह सकता हूं कि मैं हवा और पानी के बिना रह सकता हूं, परंतु ईश्वर के बिना नहीं रह सकता। आप मेरी आंखें निकाल लें, परन्तु इससे मैं नहीं मरूंगा। आप मेरी नाक काट डालें, परन्तु इससे भी मैं नहीं मरूंगा। परंतु आप मेरा ईश्वर पर विश्वास नष्ट कर दें तो मैं निष्प्राण हो जाऊंगा। आप इसे अंधविश्वास कह सकते हैं, परंतु मैं स्वीकार करता हूं कि यह ऐसा अंधविश्वास है जिसे मैं अपनी छाती से लगायें रखता हूं। अपने बचपन में जब मुझे कोई खतरा या डर मालूम होता था, तब मैं इसी तरह रामनाम से चिपटा रहता था। एक बूढ़ी दादी ने मुझे यही सिखाया था।

हरिजन, 14-5-'38

पृथ्वीतल पर मैंने ईश्वर जैसा कठोर मालिक नहीं देखा। वह आपकी परीक्षा बार-बार लेता ही रहता है। और जब आपको ऐसा लगता है कि आपकी श्रद्धा या आपका शरीर आपका साथ नहीं दे रहा है और आपकी नैया डूब रही है, तब वह आपकी मदद को किसी न किसी तरह पहुंच जाता है और आपको विश्वास करा देता है कि आपको श्रद्धा नहीं छोड़नी चाहिये; और वह आपका संकेत पाते ही आने को तैयार है, परन्तु आपकी शर्त पर नहीं, अपनी ही शर्त पर। मैंने यही पाया है। मुझे एक भी मौका ऐसा याद नहीं जब एन वक्त पर उसने मेरा साथ छोड़ दिया हो।

'स्पीचेज एण्ड राइटिंग्स ऑफ महात्मा गांधी' (1933), पृ. 1069

11

अंहिसा का मार्ग

सत्य का मार्ग जितना सीधा है उतना ही तंग भी है। यही बात अंहिसा की है। यह खांडे की धार पर चलने के बराबर है। ध्यान की एकाग्रता के द्वारा एक नट रस्सी पर चल सकता है। परन्तु सत्य और अंहिसा के मार्ग पर चलने के लिए कहीं बड़ी एकाग्रता की जरूरत है। जरा-सा ध्यान चूके कि धड़ाम से जमीन पर आ गिरे। सतत साधना के द्वारा ही सत्य और अंहिसा को सिद्ध किया जा सकता है।...

लोगों ने अंहिसा को आज जो रूप दे रखा है, अंहिसा वैसी स्थूल चीज नहीं है। किसी प्राणी को चोट न पहुंचाना बेशक अंहिसा का अंग है। परन्तु यह उसका छोटे से छोटा चिह्न है। अंहिसा के सिद्धांत को प्रत्येक बुरे विचार से, अनुचित जल्दबाजी से, झूठ बोलने से, घृणा से, किसी का बुरा चाहने से अघात पहुंचता है। जिस वस्तु की संसार को आवश्यकता है उससे चिपटे रहने में भी अंहिसा का भंग होता है। परन्तु संसार का हम रोज जो कुछ भी खाते है। उसकी भी जरूरत है। जिस स्थान पर हम खड़े हैं वहां लाखों कीटाणु हैं, जो उस स्थान के मालिक हैं और जिन्हें हमारे वहां होने से चोट पहुंचती है। तब हमें क्या करना चाहिये? क्या हमें आत्महत्या कर लेनी चाहिये? अगर हमारा यह विश्वास हो, जैसा कि है, कि जब तक शरीर के लिए आसक्ति बनी हुई है, तब तक एक शरीर के नष्ट होने पर आत्मा अपने लिए दूसरा शरीर तैयार कर लेती है तो यह भी कोई हल नहीं है। शरीर का बंधन तो भी मिटेगा जब हम उसकी आसक्ति छोड़ देंगे। आसक्ति से मुक्ति हीं सत्यरूपी ईश्वर का साक्षात्कार है। यह साक्षात्कार जल्दबाजी से प्राप्त नहीं हो सकता। शरीर हमारा नहीं है। जब तक वह है तब तक हमें उसे अपने को सौंपी हुई धरोहर समझकर उसका उपयोग करना चाहिये। शरीर-संबंधी बातों के प्रति यह दृष्टि रखकर ही

हम किसी दिन शरीर के भार से मुक्त होने की आशा रख सकते हैं। शरीर की मर्यादाओं को अच्छी तरह समझकर हमें अपने भीतर जो भी शक्ति है, उसे लगाकर आदर्श की ओर दिन-प्रतिदिन आगे बढ़ने का प्रयत्न करना चाहिये।

ऊपर की बातों से शायद यह स्पष्ट हो गया है कि अहिंसा के बिना सत्य की खोज और प्राप्ति असंभव है।

अहिंसा और सत्य आपस में इतने गुंथे हुए हैं कि उन्हें एक-दूसरे से सुलझाकर अलग करना लगभग असंभव है। वे एक सिक्के के या यों कहिये कि धातु के एक चिकने गोल टुकड़े के दो पहलुओं की तरह हैं। कौन कह सकता है कि यह उल्टा है और यह सीधा है? फिर भी, अहिंसा साधन है, सत्य साध्य है। साधन वही है जो सदा हमारी पहुंच के भीतर हो और इसलिए अहिंसा हमारा सर्वोच्च धर्म है। अगर हम साधन को संभाल लें तो हम साध्य तक देर या सवेर पहुंचकर ही रहेंगे। एक बार यह बात अच्छी तरह समझ लें तो हमारी अंतिम विजय असंदिग्ध है। हमें रास्ते में चाहे जो कठिनाईयां आयें बाह्य दृष्टि से हमारी चाहे जितनी हार होती दिखे, हम सत्य की खोज न छोड़ें और विश्वास के साथ एक ही मंत्र जपें- सत्य है।

मंगल-प्रभात, अध्याय 2

अहिंसा सर्वोच्च प्रकार की सक्रिय शक्ति है। वह आत्मबल या हमारे भीतर विराजमान भगवान की शक्ति है। अपूर्ण मानव उसे पूरा ग्रहण नहीं कर सकता। वह उसके संपूर्ण तेजपुंज को बर्दाश्त नहीं कर सकेगा। परन्तु उसका लेशमात्र भी जब हमारे भीतर सक्रिय बन जाता है। तब वह गजब का काम करता है। आकाश का सूर्य सारे विश्व को अपनी प्राणदायक गरमी से भर देता है। परन्तु कोई उसके बहुत निकट चला जाए तो उसे वह जलाकर राख कर देगा। किसी तरह ईश्वर की बात है। हम जिस हद तक अहिंसा को सिद्ध करते हैं उतनी ही हद तक ईश्वर के सदृश बनते हैं; परन्तु हम पूरी तरह ईश्वर कभी नहीं बन सकते। अहिंसा रेंडियम की तरह काम करती है। रेडियम की छोटी से छोटी मात्रा भी किसी रुग्ण अंग के बीच में रख दी जाए, तो वह लगातार चुपचाप और बिना रुके काम करता रहता है और अन्त में सारे रोगग्रस्त अंग को निरोग बना डालता है। इसी प्रकार थोड़ी सी सच्ची अहिंसा चुपचाप, सूक्ष्म और अदृश्य रूप में काम करती है, और सारे समाज में व्याप्त हो जाती है।

हरिजन, 12-11-'38

नम्रता के बिना सत्य अहंकारपूर्ण दिखावामात्र होगा। जो सत्य का पालन करना चाहता है, वह जानता है कि यह काम कितना कठिन है। संसार उसकी कथित विजयों की प्रशंसा कर सकता है। दुनिया उसके पतन के बारे में बहुत कम जानती है। सत्यपरायण मनुष्य परीक्षाओं से गुजरकर शुद्ध और नम्र बन जाता है। उसे नम्र रहने की जरूरत है। जो मनुष्य समस्त संसार से प्रेम रखना चाहता है और उसमें उन लोगों को भी शामिल समझता है जो अपने आपको उसके दुश्मन कहते हैं, वह जानता है कि अपने ही बल-बूते पर यह काम कितना असंभव है। उसे पहले रजकण बनना होगा, तब वह अहिंसा का 'क ख' समझ सकता है। प्रेम के साथ यदि उसकी नम्रता में वृद्धि नहीं होती है तो उसकी कोई कीमत नहीं है।.... जिसमें जरा भी अहंकार है वह ईश्वर का साक्षात्कार नहीं कर सकता। ईश्वर का साक्षात्कार करना हो तो उसे शून्य बनना पड़ेगा। तूफान के थपेड़े खाते हुए विश्व में कौन यह कहने का साहस करेगा कि 'मेरी जीत हुई'? विजय हमारे भीतर के ईश्वर की होती है, हमारी नहीं।.. जो बात भौतिक जगत के लिए सही है वही आध्यात्मिक जगत के लिए भी सही है। अगर एक सांसारिक युद्ध जीतने के लिए यूरोप ने पिछली लड़ाई में, जो एक क्षणभंगुर घटना थी, लाखों मनुष्यों की आहुति दे डाली, तो क्या आश्चर्य है कि आध्यात्मिक संग्राम में जूझते हुए लाखों को नष्ट होना पड़े, ताकि संसार के सामने एक संपूर्ण उदाहरण बच रहे?

यंग इंडिया, 25-6-'25

मानव-जाति के हाथ में अहिंसा से सबसे बड़ा बल है। मनुष्य की सूझने विनाश के जो प्रबल से प्रबल हथियार निकाले हैं उनसे भी यह प्रबल है। विनाश मानव का धर्म नहीं है। मनुष्य अपने भाई के हाथों, जरूरत पड़ने पर, मरने को तैयार रहकर आजादी से जीता है, उसे मारकर हरगिज नहीं। प्रत्येक हत्या या आघात, उसका कारण कुछ भी रहा हो, मानवता के विरुद्ध अपराध है।

हरिजन, 20-7-'35

दया, अहिंसा, प्रेम और सत्य के सद्गुणों की परीक्षा किसी मनुष्य में तभी हो सकती है जब उनका मुकाबला क्रूरता, हिंसा, बैर और असत्य आदि से होता है।

अगर यह सच है तो यह कहना गलत होगा कि एक हत्यारे के सामने अहिंसा काम नहीं देगी। यह अवश्य कहा जा सकता है कि एक हत्यारे के सामने अहिंसा का प्रयोग करना आत्म-विनाश को न्यौता देना है। परन्तु अहिंसा की यही सच्ची कसौटी है। परन्तु जो निरी लाचारी के कारण अपना वध होने देता है उसके लिए यह हरगिज नहीं कहा जा सकता कि उसने यह परीक्षा पास कर ली है। जो वध होते समय भी अपने हत्यारे के प्रति क्रोध नहीं करता, बल्कि ईश्वर से भी उसे क्षमा करने को कहता है वही सचमुच अहिंसक है। इतिहास ईसा मसीह का ऐसा ही वर्णन करता है। सूली पर अन्तिम श्वास लेते समय उन्होंने अपने हत्यारों के बारे में ऐसा कहा: "परम पिता, इन्हें क्षमा कर दीजिये, क्योंकि इन्हें पता नहीं है कि ये क्या कर रहे हैं।" दूसरे धर्मों से भी हमें ऐसे ही उदाहरण मिल सकते हैं, परन्तु यह उद्धरण इसलिए दिया गया है कि यह विश्व-विख्यात है।

यह दूसरी बात है कि हमारी अहिंसा अभी इतनी ऊंचाई तक नहीं पहुंची है। हमारे लिए यह बिल्कुल गलत होगा कि हम अपने ही दोष के या अनुभव के अभाव के कारण अहिंसा का स्तर नीचा कर दें। आदर्श को सही तौर पर समझे बिना हम उस तक पहुंचने की कभी आशा नहीं रख सकते। अत: यह जरूरी है कि हम अहिंसा की शक्ति को समझने में अपनी बुद्धि को लगावें।

हरिजन, 28-4-'46

अहिंसा एक व्यापक सिद्धान्त है। हम हिंसा की ज्वाला में फंसे हुए असहाय प्राणी है। 'जीवो जीवस्य जीवनम्' -इस कहावत में एक गहरा अर्थ है। मनुष्य जाने-अनजाने बाह्य हिंसा किये बिना एक क्षण भी नहीं रह सकता। उसके जीने में ही- खाने-पीने और चलने-फिरने में- कुछ न कुछ हिंसा होती ही है, फिर वह कितनी भी सूक्ष्म क्यों न हो। इसलिए यदि अहिंसा के पुजारी के सब कामों का स्रोत दया है, यदि वह छोटे से छोटे प्राणियों को भी नष्ट करने से भरसक परहेज रखता है उन्हें बचाने की कोशिश करता है और इस प्रकार हिंसा के घातक फंदे से मुक्त होने का सतत् प्रयत्न करता है, तो वह अपने ईमान का सच्चा होता है। उसके संयम और उसकी करुणा में सतत वृद्धि होती रहेगी, परन्तु वह बाह्य हिंसा से सर्वथा विमुक्त कभी नहीं हो सकता।

आत्मकथा (अंग्रेजी) 1948; पृ० 427-28

और फिर, चूंकि अहिंसा की जड़ में सब प्राणियों की एकता है, इसलिए एक की भूल का परिणाम सब पर हुए बिना नहीं रह सकता और इस कारण मनुष्य हिंसा से सर्वथा मुक्त नहीं हो सकता। जब तक वह एक सामाजिक प्राणी है तब तक वह उस अहिंसा में भागीदार बने बिना नहीं रह सकता, जो समाज के अस्तित्व के साथ जुड़ी हुई है। जब दो राष्ट्र लड़ रहे हों तब अहिंसा के पुजारी का कर्तव्य है कि लड़ाई बन्द कराये। जो इस कर्तव्यपालन में समर्थ नहीं है, जिसमें युद्ध का विरोध करने की शक्ति नहीं है, जिसमें लड़ाई रोकने की योग्यता नहीं है, वह लड़ाई में भाग लेकर भी अपने आपको, अपने राष्ट्र को और संसार को युद्ध से मुक्त करने की पूरे दिल से कोशिश कर सकता है।

आत्मकथा (अंग्रेजी) 1948; पृ० 428

12

प्रार्थना- धर्म का सार

मैं मानता हूं कि प्रार्थना धर्म का प्राण और सार है और इसलिए प्रार्थना मनुष्य के जीवन का मर्म होनी चाहिये, क्योंकि कोई आदमी धर्म के बिना जी ही नहीं सकता। कुछ लोग हैं जो अपनी बुद्धि के अहंकार में कह देते हैं कि इन्हें धर्म से कोई सरोकार नहीं। मगर यह तो ऐसा ही है जैसे कोई मनुष्य कहे कि वह सांस तो लेता है, मगर उसकी नाक नहीं है। बुद्धि से कहिये या स्वभाव से अथवा अंधविश्वास से कहिये, मनुष्य दिव्य तत्त्व से अपना कुछ न कुछ नाता स्वीकार करता ही है। घोर से घोर नास्तिक या अनीश्वरवादी भी किसी नैतिक सिद्धान्त की आवश्यकता को मानता है और उसके पालने में कुछ न कुछ भलाई और उसका पालन न करने में बुराई समझता है। ब्रेडलॉ की नास्तिकता मशहूर है; वे सदा अपने आन्तरिक दृढ़ विश्वास को घोषित करने का आग्रह रखते थे। उन्हें इस प्रकार सच कहने के कारण अनेक कष्ट उठाने पड़े, परन्तु इसमें उन्हें आनंद आता था और वे कहते थे कि सत्य स्वयं अपना पुरस्कार है। यह बात नहीं थी कि उन्हें सत्य के पालन से होने वाले आनन्द का बिल्कुल भान नहीं था। परन्तु यह आनन्द पूरी तरह सांसारिक ही नहीं होता, यह ईश्वर के साथ अपने संबंध की अनुभूति से पैदा होता है। इसलिए मैंने कहा है कि जो आदमी धर्म को नहीं मानता, वह भी धर्म के बिना नहीं रह सकता और नहीं रहता।

अब मैं दूसरी बात पर आता हूं। वह यह है कि प्रार्थना जैसे धर्म का सबसे मार्मिक अंग है वैसे ही मानव-जीवन का भी है। प्रार्थना या तो याचना रूप होती है या व्यापक अर्थ में वह ईश्वर से भीतर लौ लगाना है। दोनों ही सूरतों में अंतिम परिणाम एक ही होता है। जब वह याचना के रूप में हो! तब याचना आत्मा की सफाई और शुद्धि के लिए, उसके चारों ओर लिपटे हुए अज्ञान और

अंधकार के आवरण हटाने के लिए होनी चाहिये। इसलिए जो अपने भीतर द्रव्य ज्योति जगाने को तड़प रहा हो उसे प्रार्थना का आसरा लेना होगा। परन्तु प्रार्थना शब्दों या कानों का व्यायाम मात्र नहीं है, खाली मंत्र जाप नहीं है। आप कितना ही रामनाम जपिये, अगर उससे आत्मा में हलचल नहीं मचती तो वह व्यर्थ है। प्रार्थना में शब्दों के बिना हृदय होना हृदय के बिना शब्द होने से बेहतर है। वह स्पष्ट रूप से आत्मा की तड़प के जवाब में होनी चाहिये और जैसे कोई भूखा आदमी मनचाहे भोजन में मजा लेता है, ठीक वैसे ही भूखी आत्मा को हार्दिक प्रार्थना में आनन्द आता है। और यह मैं अपने और अपने साथियों के थोड़े से अनुभव से कहता हूं कि जिसने प्रार्थना के जादू का अनुभव किया है, वह लगातार कई दिन तक आहार के बिना तो रह सकता है, परन्तु प्रार्थना के बिना एक क्षण भी नहीं रह सकता। कारण, प्रार्थना के बिना भीतरी शांति नहीं मिलती।

अगर यह बात है कि तो कोई कहेगा कि हमें अपने जीवन के हर क्षण में प्रार्थना करते रहना चाहिये। इसमें कोई सन्देह नहीं। परन्तु हम भूल करने वाले प्राणी है; एक क्षण के लिए भी भगवान से भीतरी लौ लगाने के लिए बाहरी विषयों से हटकर अन्तर्मुख होना हमें कठिन जान पड़ता है। तब हर क्षण ईश्वर से लौ लगाये रखना तो हमारे लिए असंभव ही होगा। इसलिए हम कुछ घंटे नियत करके उस समय थोड़ी देर के लिए संसार का मोह छोड़ देने का गंभीर प्रयत्न करते हैं, एक प्रकार से इन्द्रियातीत रहने की दिली कोशिश करते हैं। आपने सूरदास का भजन सुना है। यह ईश्वर से मिलने के लिए भूखी आत्मा की करुण पुकार है। हमारे पैमाने से वे एक सन्त थे, परन्तु उनके अपने पैमाने से वे घोर पापी थे। आध्यात्मिक दृष्टि से वे हमसे मीलों आगे थे, परन्तु उन्हें ईश्वर-वियोग की इतनी तीव्र पीड़ा थी कि उन्होंने आत्मग्लानि और निराशा के स्वर में अपनी पीड़ा इस तरह व्यक्त की: 'मो सम कौन कुटिल खल कामी।'

मैंने प्रार्थना की आवश्यकता की बात कही है और उसके द्वारा प्रार्थना का सार भी बताया। हमारा जन्म अपने मानव-बन्धुओं की सेवा के लिए हुआ है और यह काम हम अच्छी तरह नहीं कर सकते यदि हम पूरी तरह से जाग्रत न रहें। मनुष्य के हृदय में अंधकार और प्रकाश की शक्तियों में सतत संग्राम होता रहता है। अत: जिसके पास प्रार्थना की ढाल का सहारा नहीं है, वह अंधकार की शक्तियों का शिकार हो जाएगा। प्रार्थना करने वाला आदमी अपने मन में शांति का अनुभव करेगा और संसार के साथ भी उसका संबंध शांति

का होगा। जो मनुष्य प्रार्थनापूर्ण हृदय के बिना सांसारिक कर्म करेगा, वह स्वयं भी दु:खी होगा और संसार को भी दु:खी करेगा। इसलिए मनुष्य की मरणोत्तर स्थिति पर प्रार्थना का जो प्रभाव होता है उसके सिवा भी प्रार्थना का मनुष्य के पार्थिव जीवन में असीम महत्त्व है। हमारे दैनिक कार्यों में व्यवस्थता, शांति और संवादिता लाने का एकमात्र उपाय प्रार्थना है। इस प्राणभूत वस्तु को संभाल लिया जाय तो और सब बातें अपने आप संभल जायंगी। किसी वर्ग का एक कोण सम कर दिया जाए तो दूसरे कोण अपने आप सम हो जाते हैं।

इसलिए दिन का काम प्रार्थना से शुरू कीजिये और उसमें इतनी आत्मा उंड़ेलिये कि वह शाम तक आपके साथ बनी रहे। दिन का अन्त भी प्रार्थना के साथ कीजिये, ताकि आपकी रात शांतिपूर्ण तथा स्वप्नों और दु:स्वप्नों से मुक्त रहे। प्रार्थना के स्वरूप की चिन्ता न कीजिये। स्वरूप कुछ भी हो, वह ऐसा होना चाहिये जिससे भगवान के साथ हमारे मन की लौ लग जाए। इतना ध्यान रखिये कि स्वरूप कैसा भी हो, मगर आपके मुंह से प्रार्थना के शब्द निकलते समय आपका मन इधर-उधर न भटकने पाये।

विश्व के सब पदार्थों को, जिनमें सूर्य, चन्द्र और तारे भी शामिल हैं, कुछ नियमों का पालन करना पड़ता है। इन नियमों के नियंत्रण के बिना दुनिया का काम क्षणभर भी नहीं चल सकता। आपका जीवनोद्देश्य अपने मानव-बन्धुओं की सेवा करना है। यदि आप अपने पर किसी न किसी तरह का अनुशासन नहीं लगायेंगे, तो आपका सर्वनाश ही हो जायगा। प्रार्थना एक प्रकार का आवश्यक आध्यात्मिक अनुशासन है। अनुशासन और संयम ही हमें पशुओं से अलग करता है। अगर हम सिर ऊंचा करके चलने वाले मनुष्य होना चाहते हैं और चौपायें नहीं बनना चाहते, तो हमें यह बात समझ लेना चाहिये और अपने आपको स्वेच्छा से अनुशासन और संयम में रखना चाहिये।

यंग इंडिया, 23-1-'30

13

प्रार्थना क्यों?

हम प्रार्थना करें ही क्यों? अगर ईश्वर है तो क्या जो कुछ हुआ उसे ईश्वर नहीं जानता है? क्या उसे अपना कर्तव्यपालन कर सकने के लिए प्रार्थना की जरूरत रहती है?

नहीं, ईश्वर को याद दिलाने की आवश्यकता नहीं। वह सबके भीतर है, उसकी आज्ञा के बिना कुछ भी नहीं होता। हमारी प्रार्थना तो अपने ही हृदय की छानबीन है। वह तो हमें ही यह स्मरण दिलाती है कि हम प्रभु के सहारे के बिना लाचार है। प्रार्थना के बिना कोई प्रयत्न संपूर्ण नहीं होता। यह निश्चित रूप में स्वीकार करना चाहिये कि अच्छे से अच्छे मानव प्रयत्न के पीछे भी भगवान का आशीर्वाद न हो तो वह बेकार है। प्रार्थना नम्रता की पुकार है। वह आत्मशुद्धि का, आत्म-निरीक्षण आह्वान है।

हरिजन, 8-6-'35

मेरी राय में राम, रहमान, अहुरमज्द, गॉड या कृष्ण, ये सब उस अदृश्य शक्ति को, जो सब शक्तियों से बड़ी है, कोई नाम देने के मानव-प्रयत्न हैं। भले मनुष्य अपूर्ण हो, परन्तु पूर्णतया का सतत प्रयत्न करना उसके स्वभाव में है। प्रयत्न करते-करते वह चिन्तन में पड़ जाता है। और जैसे कोई बच्चा खड़ा होने की कोशिश करता है, बार-बार गिरता है और अन्त में चलना सीख जाता है, ठीक उसी तरह मनुष्य इतनी बुद्धि होते हुए भी उस अनन्त और अकाल पुरुष के मुकाबले में निरा शिशु है। इसमें अतिशयोक्ति दिखाई दे सकती है, परन्तु है नहीं। ईश्वर का वर्णन मनुष्य अपनी टूटी-फूटी भाषा में ही कर सकता है। जिस शक्ति को हम ईश्वर कहते हैं वह वर्णनातीत है। और न उसे इस बात की कोई जरूरत ही है कि मनुष्य उसका वर्णन करने का प्रयत्न करे।

मानव को ही उस साधना की आवश्यकता है जिसके द्वारा वह महासागर से भी विशाल इस शक्ति का वर्णन कर सके। अगर यह विधान स्वीकार कर लिया जाए तो वह यह पूछने की आवश्यकता नहीं कि हम प्रार्थना क्यों करते हैं। मनुष्य ईश्वर की कल्पना अपने ही मन की सीमाओं के भीतर कर सकता है। यदि ईश्वर महासागर की भांति विशाल और असीम है, तो एक छोटी-सी बूंद जैसा मनुष्य कैसे कल्पना कर सकता है कि ईश्वर क्या है? वह समुद्र में गिरकर और समाकर ही अनुभव कर सकता है कि महासागर क्या वस्तु है। यह अनुभव अवर्णनीय है। मैडम ब्लावट्स्की के शब्दों में, मनुष्य प्रार्थना करने में अपने ही विशालतर स्वरूप की पूजा करता है। वही सच्ची प्रार्थना कर सकता है, जिसे दृढ़ विश्वास हो कि ईश्वर उसके भीतर है। जिसे यह विश्वास नहीं है, उसे प्रार्थना करने की जरूरत नहीं। ईश्वर तो नाराज नहीं होगा, परन्तु मैं अनुभव से कह सकता हूं कि जो प्रार्थना नहीं करता वह जरूर घाटे में रहता है। तब इसका क्या महत्त्व है कि एक आदमी ईश्वर को व्यक्ति मानकर पूजता है और दूसरा शक्ति मानकर? दोनों ही अपनी-अपनी समझ से ठीक ही करते हैं। कोई नहीं जानता और शायद कभी नहीं जानेगा कि प्रार्थना करने का सर्वथा उचित मार्ग क्या है। आदर्श तो सदा आदर्श ही रहेगा। हमें इतना ही याद रखने की जरूरत है कि सब शक्तियों में ईश्वर ही वह प्राणभूत शक्ति या आत्मा है, जो सर्वव्यापी, सर्वग्राही और इसलिए मानव-बुद्धि से परे है।

हरिजन, 18-8-'46

एक बौद्ध से संवाद

बुद्ध के एक अनुयायी डॉ० फाबरी एबटाबाद में गांधी जी से मिलने आये। उन्होंने पूछा:

"क्या प्रार्थना से ईश्वर का मन बदला जा सकता है? क्या प्रार्थना से उसे जाना जा सकता है?"

गांधी जी ने कहा, "प्रार्थना करते समय मैं क्या करता हूँ, इसे पूरी तरह समझाना कठिन बात है। परन्तु मैं आपके प्रश्न का उत्तर देने का प्रयत्न अवश्य करूंगा। ईश्वर का मन नहीं बदला जा सकता, परन्तु ईश्वर जड़ चेतन सभी पदार्थों और जीवों में है। प्रार्थना का अर्थ यह है कि मैं अपने भीतर वाले उस ईश्वर को पुकारता हूं, जगाता हूं। हो सकता है कि मुझे इसका बौद्धिक निश्चय तो हो, परन्तु कोई सजीव अनुभूति न हो। इसलिए जब मैं स्वराज्य या भारत

की स्वाधीनता के लिए प्रार्थना करता हूँ, तो मैं उस स्वराज्य को प्राप्त करने की या उसे प्राप्त करने में अधिक से अधिक योग देने की पर्याप्त शक्ति के लिए प्रार्थना या इच्छा करता हूँ और मैं मानता हूँ कि प्रार्थना के उत्तर में मैं वह शक्ति प्राप्त कर सकता हूँ।''

डॉ० फाबरी ने कहा, ''तब तो आपका उसे प्रार्थना कहना ठीक नहीं है; प्रार्थना करने का अर्थ याचना या मांग करना है।''

''हां, यह सही है। आप कह सकते हैं कि मैं अपने आपसे, अपने उच्च स्वरूप से, वास्तविक आत्मा से याचना करता हूं, जिसके साथ मैं अभी तक पूर्ण एकता स्थापित नहीं कर सका हूं। इसलिए आप इसका वर्णन यों कर सकते है कि जिस परमात्मा में सब समाये हुए हैं उसमें अपने आपको खो देने की सतत आकांक्षा करना ही प्रार्थना है।''

डॉ० फाबरी ने पूछा, ''जो लोग प्रार्थना नहीं कर सकते, उनके लिए आपका क्या कहना है?''

गांधीजी ने कहा, ''मैं उनसे कहूंगा कि नम्र बनो और बुद्ध की अपनी कल्पना द्वारा सच्चे बुद्ध को सीमित मत करो। अगर उनमें प्रार्थना करने लायक विनम्रता न होती तो करोड़ों मनुष्यों के जीवन पर उन्होंने जो राज्य किया और आज भी कर रहे हैं वह न कर सकते। बुद्धि से कहीं ऊंची कोई चीज है जो हम पर और शंका करने वालों पर भी शासन करती है। उनके जीवन के नाजुक मौकों पर उनकी शंकाशीलता और उनका तत्त्वज्ञान उनकी मदद नहीं करते। उन्हें सहारा देने के लिए किसी बेहतर चीज की, अपने से बाहर किसी चीज की जरूरत होती है; और इसलिए अगर कोई मेरे सामने कोई ऐसी पहले रखता है तो मैं उससे कहता हूं: 'जब तक तुम अपने आपको शून्य नहीं बना लोगे, तब तक तुम्हें ईश्वर या प्रार्थना का अर्थ मालूम नहीं होगा। तुममें यह समझने लायक नम्रता होनी चाहिये कि तुम्हारी महानता और जबरदस्त बुद्धि के बावजूद तुम विश्व में एक बिन्दु के समान ही हो। जीवन की बातों की निरी बौद्धिक कल्पना काफी नहीं होती। बुद्धि के लिए अगम्य आध्यात्मिक कल्पना ही ऐसी चीज है जो मनुष्यों को संतोष दे सकती है। धनवान लोगों के जीवन में भी नाजुक समय आते हैं। यद्यपि उनके चारों ओर वे सब चीजें होती हैं जो रुपये से खरीदी जा सकती हैं और प्रेम से मिल सकती हैं, फिर भी अपने जीवन में उन्हें कुछ अवसरों पर थोड़ी भी सान्त्वना नहीं मिलती। इन्हीं अवसरों पर हमें ईश्वर की झांकी होती है, उसके दर्शन होते हैं, जो जीवन में हर कदम

पर हमें रास्ता बता रहा है। यही प्रार्थना है।''

डॉ० फाबरी ने कहा, ''आपका मतलब उस चीज से है जिसे हम सच्चा धार्मिक अनुभव कह सकते हैं और जो बौद्धिक कल्पना से अधिक बलवान होता है। जीवन में दो बार मुझे वह अनुभव हुआ, परन्तु बाद में मैंने उसे खो दिया है। परन्तु अब मुझे बुद्ध के एक दो वचनों से बड़ी सान्त्वना मिलती है: 'स्वार्थ दुःख का कारण है' और 'भिक्षुओ, याद रखो प्रत्येक वस्तु नाशवान है।' इन वचनों का विचार करता हूँ तो मुझे लगभग वही बल मिलता प्रतीत होता है जो श्रद्धा से मिलता है।''

''यही प्रार्थना है'', यह बात गांधी जी ने इतने आग्रह के साथ कही कि वह डॉ० फाबरी ने मन को छुए बिना नहीं रही होगी।

हरिजन, 19-8-'39

14

प्रार्थना कैसे, किसकी और कब करें?

'नवजीवन' के एक पाठक पूछते हैं: 'आप हमसे अक्सर ईश्वर की आराधना करने को, प्रार्थना करने को, कहते हैं, परन्तु यह कभी नहीं बताते कि प्रार्थना कैसे करें और किसकी करें। क्या आप कृपा करके मुझे इसका बोध करायेंगे?'

ईश्वर की पूजा करना ईश्वर का गुणगान करना है। प्रार्थना अपनी अयोग्यता और दुर्बलता को स्वीकार करना है। ईश्वर के सहस्त्र नाम हैं या यों कहिये कि वह अनाम है। जो भी नाम हमें अच्छा लगे उसी से हम उसकी पूजा या प्रार्थना कर सकते हैं। कुछ लोग उसे राम कहते हैं, कुछ कृष्ण और दूसरे रहीम और कई उसे गॉड कहते हैं। सब उसी एक तत्त्व की पूजा करते हैं, परन्तु जैसे सब आहार सभी को अनुकूल नहीं आते, उसी तरह सब नाम सबको नहीं भाते। हर एक अपनी-अपनी परिस्थिति के अनुसार नाम पसन्द कर लेता है और ईश्वर अन्तर्यामी, सर्व-शक्तिमान और सर्वज्ञ होने के कारण हमारी भीतरी भावनाओं को जानता है और हमारी पात्रता के अनुसार उत्तर देता है।

इसलिए पूजा या प्रार्थना वाणी से नहीं, हृदय से करने की चीज है और यही कारण है कि उसे गूंगा और तुतलाने वाला, अज्ञानी और मूर्ख सब समान रूप से कर सकते हैं। पर जिन लोगों की वाणी में तो अमृत हैं, परन्तु जिनके हृदय विष से परिपूर्ण हैं, उनकी प्रार्थना कभी नहीं सुनी जाती। इसलिए जो ईश्वर की प्रार्थना करना चाहे उसे अपना हृदय स्वच्छ कर लेना चाहिये। राम हनुमान की सिर्फ वाणी पर ही नहीं, उनके हृदय में भी विराजमान थे। उन्होंने हनुमान को अपार बल दिया। हनुमान ने ईश्वर के बल से पहाड़ को उठा लिया और समुद्र को पार किया। श्रद्धा ही हमें तूफानी समुद्रों के पार ले जाती है, श्रद्धा ही पहाड़ों को हिलाती है और श्रद्धा ही समुद्र को लांघ जाती है। यह

श्रद्धा अन्तर्यामी ईश्वर के सजीव और जाग्रत भान के सिवा और कुछ नहीं है। जिसने यह श्रद्धा प्राप्त कर ली है उसे और कुछ नहीं चाहिये। शरीर रोगी होने पर भी उसकी आत्मा स्वस्थ है; शरीर से शुद्ध होकर वह आध्यात्मिक दौलत के मजे लूटता है।

लेकिन यह पूछा जा सकता है कि 'इस हद तक हृदय की शुद्धि हो कैसे?' मुंह की भाषा आसानी से सिखा दी जाती है, परन्तु हृदय की भाषा कौन सिखा सकता है? केवल भक्त- सच्चा भक्त ही उसे जानता है और सिखा सकता है। गीता ने तीन स्थानों पर भक्त की व्याख्या की है और उसकी सामान्य चर्चा तो हर जगह की है। परन्तु भक्त की व्याख्या का ज्ञान हमारा अधिक मार्गदर्शन नहीं कर सकता। इस पृथ्वी पर भक्त विरले ही होते हैं। इसलिए मैंने सेवाधर्म को उसका साधन बताया है। जो अपने मानव-बन्धुओं की सेवा करता है, उसके हृदय में निवास करने की भगवान स्वयं इच्छा करते हैं। इसीलिए नरसिंह महेता ने - जो इस रहस्य को जानते थे – कहा है कि 'वैष्णवजन तो तेने कहीए जे पीड पराओी जाणे रे।' अबू-बेन-आदम भी ऐसा ही था। उसने मनुष्यों की सेवा की थी, 'इसलिए ईश्वर के सेवकों की सूची में उसका नाम सबसे ऊपर था।

परन्तु दु:खी और पीड़ित कौन है? दलित और दरिद्र लोग। इसलिए जिसे भक्त बनना हो उसे शरीर, आत्मा और मन से इनकी सेवा करनी चाहिये। जो दलित वर्गों को अछूत मानता है, वह शरीर द्वारा उनकी सेवा कैसे कर सकता है? जो अपने शरीर को इतना भी कष्ट देने को तैयार नहीं है कि गरीबों के खातिर काते और जो झूठ बहाने बनाता है, वह सेवा का अर्थ नहीं जानता। हट्टे-कट्टे अभागों को दान नहीं मिलना चाहिये, उनसे रोटी के लिए काम करने को कहना चाहिये। दान से उनका पतन होता है। जो गरीबों के सामने स्वयं कातता है और उन्हें भी कातने को कहता है, वह ईश्वर की जैसी सेवा करता है वैसी और कोई नहीं करता। भगवान भगवद्गीता में कहते हैं: 'जो भक्तिभाव से मुझे पत्र-पुष्प-फल जैसी तुच्छ वस्तुऐं भी अर्पण करता है वह मेरा सेवक है।' और उनके चरण वहां हैं जहां छोटे, गरीब और आश्रयहीन अभागे रहते हैं। इसलिए ऐसे लोगों के कल्याण के लिए कातना सबसे बड़ी प्रार्थना, सबसे बड़ी पूजा और सबसे बड़ा त्याग है।

इसलिए प्रार्थना किसी भी नाम से की जा सकती है। प्रार्थना का वाहन भक्तिपूर्ण हृदय है और सेवा से हृदय प्रार्थनापूर्ण बनता है। जो हिन्दू इस युग

में पूरे दिल से अछूतों की सेवा करते हैं वे सच्ची प्रार्थना करते हैं; जो हिन्दू और दूसरे लोग गरीबों और निर्धनों के लिए प्रार्थनापूर्वक कातते हैं वे सच्ची प्रार्थना करते हैं।

यंग इंडिया, 24-9-'25

इस बारे में कोई नियम नहीं बनाया जा सकता कि प्रार्थना अथवा पूजा में कितना समय लगाया जाए। यह अपने-अपने स्वभाव पर निर्भर है। मनुष्य के दैनिक जीवन में ये मूल्यवान घड़ियां होती है। प्रार्थना-पूजा आदि का हेतु हमें विवेकी और नम्र बनाना है और वे हमें यह अनुभव कराती है कि ईश्वर की मर्जी के बिना कुछ नहीं होता, और हम उस 'कुम्हार के हाथों में केवल मिट्टी हैं।' इन घड़ियों में मनुष्य अपनी पिछली बातों पर विचार करता है, अपनी दुर्बलताओं को स्वीकार करता है, क्षमा-याचना करता है और अधिक अच्छा बनने और करने के लिए बल मांगता हैं। किसी के लिए एक मिनट काफी हो सकता है, औरों के लिए 24 घंटे भी थोड़े हो सकते हैं। जिनके हृदय में ईश्वर हर समय बसा हुआ है उनके लिए श्रम ही प्रार्थना है। उनका जीवन सतत पूजा या प्रार्थना ही है। जो लोग पाप के लिए ही जीते हैं, भोग के लिए और अपने लिए ही जीते हैं, उनके लिए बहुत समय भी थोड़ा है। अगर उनमें धीरज, श्रद्धा और शुद्ध होने का संकल्प हो तो वे उस समय तक प्रार्थना करते रहेंगे, जब तक वे अपने भीतर ईश्वर के निश्चित और पावन प्रभाव को महसूस न करने लगें। हम साधारण मनुष्यों के लिए इन दो उग्र मार्गों के बीच का मध्यम मार्ग उचित है। हम यह कह सकने जितने उन्नत नहीं हैं कि हमारे सारे कार्य समर्पण के कार्य हैं और न हम इतने गिर गये हैं कि केवल अपने लिए ही जीते हैं। इसलिए सब धर्मों ने सामान्य-प्रार्थना के लिए अलग समय नियत कर दिया है। दुर्भाग्य से प्रार्थना आजकल दंभपूर्ण नहीं तो निरी यांत्रिक और नाममात्र की जरूर हो गयी है। जरूरत इस बात की है कि इस भक्ति के साथ सच्चा भाव हो।

ईश्वर से किसी वस्तु की याचना के अर्थ में निश्चित व्यक्तिगत प्रार्थना अपनी ही भाषा में होनी चाहिये। इससे अधिक भव्य याचना और क्या हो सकती है कि हम ईश्वर से यह मांगें कि हम सब प्राणियों के साथ न्याय का बर्ताव करें?

यंग इंडिया, 10-6-'26

15

उपवास

सच्चा उपवास शरीर, मन और आत्मा की शुद्धि करता है। वह इंन्द्रियों का दमन करता है और उस हद तक आत्मा को मुक्त करता है। सच्चे हृदय से की हुई प्रार्थना चमत्कार कर सकती है। वह और भी अधिक शुद्धि के लिए आत्मा की तीव्र लालसा है। जब इस प्रकार प्राप्त की हुई शुद्धता का किसी उदात्त हेतु के लिए उपयोग किया जाता है तो वह प्रार्थना बन जाती है। गायत्री के भौतिक उपयोग से, बीमारों को अच्छा करने के लिए उसके जप से वही अर्थ प्रगट होता है जो हमने प्रार्थना को दिया है। जब यही गायत्री का जप नम्र और एकाग्र चित्त से समझ के साथ राष्ट्रीय कठिनाईयों और संकटों के समय किया जाता है, तब वह संकट-नियंत्रण का एक अत्यंत प्रबल अस्त्र बन जाता है। यह मान लेता सबसे बड़ी भूल है कि गायत्री का जप, नमाज या ईसाई प्रार्थना अज्ञानियों या विचारहीनों के करने लायक कोई अंधविश्वास है। इसलिए प्रार्थना या उपवास शुद्धि की एक अत्यंत शक्तिशाली प्रक्रिया है और जो चीज शुद्धि करती है वह अवश्य ही हमें अपना कर्तव्य अधिक अच्छी तरह करने और अपना लक्ष्य सिद्ध करने के लिए समर्थ बनाती है। इसलिए यदि कभी ऐसा प्रतीत हो कि उपवास और प्रार्थना सफल नहीं होते, तो इसका कारण यह नहीं है कि उनमें कुछ सार नहीं है, परन्तु यह है कि उनके पीछे सच्ची वृत्ति नहीं है।

कोई मनुष्य उपवास तो करे परन्तु सारा समय, जैसा कि अधिकांश लोग जन्माष्टमी के दिन करते हैं, यों ही बेकार गंवा दे, तो स्वाभाविक है कि उसको अधिक शुद्धि के रूप में न केवल उपवास का कोई फल नहीं मिलेगा, बल्कि इसके विपरीत ऐसे दूषित उपवास के अन्त में वह पतित हो जाएगा। सच्चा उपवास वह है कि जिसके साथ शुद्ध विचारों को ग्रहण करने की तैयारी हो

और शैतान के सारे प्रलोभनों का विरोध करने का संकल्प हो। इसी प्रकार सच्ची प्रार्थना वह है जो बुद्धिसंगत और निश्चित हो। हमें उसके साथ एकाकार होना पड़ता है। जबान से अल्लाह का नाम लेते और माला जपते हुए हमारा मन इधर-उधर भटकता हो तो वह बेकार है।

यंग इंडिया, 24-3-'20

अलबत्ता, इससे इनकार नहीं किया जा सकता कि उपवास सचमुच दबाव डालने वाले हो सकते हैं। स्वार्थपूर्ति के लिए किये गये उपवास ऐसे ही हैं। किसी आदमी से रुपया ऐंठने या इसी तरह का कोई व्यक्तिगत काम निकालने के लिए किया गया उपवास दबाव या अनुचित प्रभाव डालने के बराबर होगा। ऐसे अनुचित प्रभाव के विरोध का मैं निःसंकोच समर्थन करूंगा। जो उपवास मेरे विरुद्ध किये गये हैं या जिनके करने की धमकी दी गई है, उनमें मैंने खुद ऐसे दबाव का विरोध किया है। और अगर यह दलील दी जाय कि स्वार्थपूर्ण और स्वार्थरहित उद्देश्य की विभाजक रेखा अकसर बहुत बारीक होती है है, तो मैं कहूंगा कि जो आदमी किसी उपवास का हेतु स्वार्थपूर्ण या नीच समझता उसे उसके आगे झुकने से दृढ़तापूर्वक इनकार कर देना चाहिये 'फिर भले उसके परिणाम-स्वरूप उपवास करने वाले की मृत्यु ही हो जाए। यदि लोग उन उपवासों की परवाह न करने के आदी बन जायं, तो उनकी राय में अनुचित उद्देश्य से किये जाते हैं, तो उन उपवासों में दबाव और अनुचित प्रभाव का रंग नहीं रहेगा। सभी मानव-संस्थाओं की भांति उपवासों के भी सदुपयोग और दुरुपयोग दोनों हो सकते हैं। परन्तु सत्याग्रह के शस्त्रागार के एक महान अस्त्र के रूप में उसे दुरुपयोग की संभावना के डर से छोड़ा नहीं जा सकता। सत्याग्रह की रचना और नियोजन हिंसा का स्थान ले सकने वाले एक कारगर उपाय के रूप में किया गया है। सत्याग्रह का यह उपयोग अभी अपने प्रारंभिक काल में है, इसलिए अभी वह पूर्णता को नहीं पहुंचा है। परन्तु चूंकि आधुनिक सत्याग्रह का जन्मदाता मैं हूँ, इसलिए अगर मैं उसके अनेक उपयोगों में से किसी को भी छोड़ दूं, तो अपना यह दावा खो देता हूँ कि मैं एक नम्र जिज्ञासु की वृत्ति से उसका इस्तेमाल कर रहा हूं।

हरिजन, 9-9-'33

ईसाईयों की आपत्तियां

[श्री सी० एफ० एण्डूज ने गांधी जी को एक पत्र लिखा था, जिसमें बताया था कि इंग्लैण्ड के ईसाईयों में 'आमरण अनशन' के विरुद्ध नैतिक तिरस्कार का भाव है। इसका हवाला देते हुए गांधीजी ने लिखा:]

हिन्दुओं का धार्मिक साहित्य उपवास के उदाहरणों से भरा पड़ा है और हजारों हिन्दू आज भी जरा-जरा से निमित्त पर उपवास करते हैं। यही एक ऐसी वस्तु है जिससे कम से कम हानि होती है। इसमें शक नहीं कि हर एक अच्छी चीज की तरह उपवासों का भी दुरुपयोग होता है। यह अनिवार्य है। सिर्फ इसीलिए हम भलाई करना नहीं छोड़ सकते कि कभी-कभी भलाई की आड़ में बुराई की जाती है।

मेरी असली मुश्किल अपने प्रोटेस्टेण्ट ईसाई भाईयों के साथ है। उनमें मेरे अनेक मित्र हैं और उनकी मित्रता का मेरी नजर में अपार महत्त्व है। मुझे उनके निकट स्वीकार करना चाहिये कि यद्यपि उनके साथ के प्रथम संपर्क में ही मुझे उपवासों के लिए उनकी अरुचि मालूम हो गई थी, फिर भी मैं उसे कभी समझ नहीं सका हूं।

इन्द्रिय-दमन को संसार भर में आध्यात्मिक प्रगति की शर्त माना गया है। उपवास का व्यापक अर्थ करें तो उपवास के बिना कोई प्रार्थना नहीं हो सकती। संपूर्ण उपवास पूरी तरह और अक्षरश: आत्मत्याग है। वह सच्ची से सच्ची प्रार्थना है। "मेरा जीवन ले ले और वह सदा केवल तेरे ही लिए हो", यह प्रार्थना केवल जबानी जमा-खर्च या शब्दालंकार नहीं है और न होना चाहिये। यह तो संपूर्ण हृदय से परिणाम की परवाह न करते हुए खुशी से समर्पण करने की बात है। अन्न और जल का भी त्याग केवल समर्पण का प्रारंभ है, अल्पतम भाग है।

जब मैं इस लेख के लिए अपने विचारों का संग्रह कर रहा था, तब ईसाईयों की लिखी हुई एक पुस्तिका मेरे हाथों में आई। उसमें उपदेश के बजाय आचरण की आवश्यकता पर एक अध्याय था। उसमें जोनाह के तीसरे अध्याय का एक उद्धरण आता है। पैगम्बर ने भविष्यवाणी की थी कि उनके निनेवेह नगर में प्रवेश करने के चालीसवें दिन वह महान शहर नष्ट हो जाएगा:

"निनेवेह के लोगों का ईश्वर पर विश्वास था। उन्होंने एक उपवास घोषित किया और छोटे से बड़े तक सबने टाट के कपड़े धारण कर लिये। सन्देशा निनेवेह के राजा के पास भी पहुंचा; वह अपने सिंहासन से उठा और उसने

अपनी पोशाक उतारकर टाट के कपड़े पहन लिये और राख में बैठ गया और उसने डोंडी पिटवा कर निनेनेवह में राजा और सरदारों के नाम पर यह आज्ञा घोषित और प्रकाशित कराई कि 'मनुष्य या पशु, भेड़-बकरी या गाय-भैंस कोई कुछ न खाये-पिये; वे न भोजन करें, न पानी पियें। परन्तु मनुष्य और पशु सब टाट के कपड़े पहन लें और ईश्वर से जोर के साथ पुकार करें: 'सब अपने बुराई के रास्ते से हट जाए और अपने हाथों में भरी हुई हिंसा को छोड़ दें, हो सकता है कि यह देखकर ईश्वर अपना इरादा बदल दे और अपने भयंकर क्रोध से मुंह मोड़ लें और हमारा नाश न हो।' और ईश्वर ने उनके कामों से देख लिया कि वे कुमार्ग से विमुख हो गये हैं; और ईश्वर ने उन्हें सजा करने की अनिष्ट बात पर पश्चात्ताप किया और वैसा नहीं किया।''

इस प्रकार यह एक 'आमरण उपवास' ही था। परन्तु प्रत्येक आमरण उपवास आत्मघात नहीं होता। निनेवेह के राजा और प्रजा का यह उपवास मुक्ति के लिए ईश्वर से एक महान और विनम्र प्रार्थना थी। अगर मैं अपने उपवास की बाइबिल वाले उपवास से तुलना करूं, तो मेरा उपवास ऐसा ही था। जोनाह की पुस्तक का यह अध्याय पढ़कर ऐसा मालूम होता है, मानो वह रामायण की कोई घटना हो।

हरिजन, 15-4-'33

16

शाश्वत द्वंद्व-युद्ध

विधाता ने मनुष्य का लक्ष्य पुरानी आदतों पर विजय पाना, अपनी बुराईयों पर काबू रखना और भलाई को फिर से उसके उचित स्थान पर स्थापित करना बनाया है। अगर धर्म हमें यह विजय प्राप्त करना नहीं सिखाता तो वह कुछ भी नहीं सिखाता। परन्तु जीवन के इस सच्चे साहस में सफलता का कोई राजमार्ग नहीं है। जिस सबसे बड़ी बुराई से हम पीड़ित हैं वह कायरता है। शायद वह सबसे बड़ी हिंसा भी है और रक्तपात वगैरह के नाम से आम-तौर पर जो हिंसा होती है उससे तो अवश्य ही कायरता बड़ी हिंसा है। कारण वह ईश्वर में श्रद्धा ने होने से और उसके गुणों के अज्ञान से पैदा होती है।.... परन्तु मैं अपना ही प्रमाण देकर कह सकता हूं कि हार्दिक प्रार्थना निःसन्देह सबसे प्रबल अस्त्र है, जो कायरता और अन्य सब बुरी आदतों पर विजय प्राप्त करने के लिए मनुष्य के पास है। अपने अन्तर में ईश्वर के वास का सजीव विश्वास न हो तो प्रार्थना असंभव है।

इसी प्रक्रिया को ईसाई और इस्लाम धर्म ईश्वर और शैतान के बीच होने वाला बाहरी नहीं भीतरी द्वंद्व बताते हैं; पारसी धर्म अहुरमज्द और अहरीमान के बीच तथा हिन्दू धर्म भलाई और बुराई की शक्तियों के बीच का द्वंद्व बताता है। हमें अपना निर्णय कर लेना है कि हम बुराई की शक्तियों का साथ दें या भलाई की शक्तियों का और ईश्वर की प्रार्थना करना ईश्वर और मनुष्य के बीच पवित्र गठबंधन के सिवा और कुछ नहीं है। उसके द्वारा मनुष्य शैतान के फंदे से मुक्ति प्राप्त करता है। परन्तु हार्दिक प्रार्थना जीभ का जप नहीं है। यह तो एक आन्तरिक अभ्यर्थना है, जो मनुष्य के एक-एक शब्द, एक-एक काम, नहीं, एक एक विचार में प्रगट होती है। जब कोई बुरा विचार उस पर सफल आक्रमण करता है, तो वह जान ले कि उसने केवल वाणी से प्रार्थना की है। यही बात उसके मुंह से निकल जाने वाले बुरे शब्द के बारे में और उसके हाथ से हो जाने वाले बुरे काम के बारे में है। सच्ची प्रार्थना बुराईयों की इस

त्रिमूर्ति के खिलाफ उसकी अचूक ढाल है। पहले ही प्रयत्न में ऐसी सच्ची प्रार्थना को सदा सफलता नहीं मिलती। हमें अपने विरुद्ध प्रयत्न करना पड़ता है, अपने बावजूद विश्वास रखना पड़ता है, क्योंकि हमारे लिए महीने ही वर्षों के बराबर होते हैं। इसलिए अगर हमें प्रार्थना की क्षमता अनुभव करनी है, तो अपार धीरज की आदत डालनी होगी। हमारे सामने अंधकार होगा, निराशा होगी और इससे भी बुरी बातें होंगी; परन्तु हमें इन सबसे संग्राम करने का साहस रखना होगा और कायरता के असर से बचना होगा। प्रार्थना वाले मनुष्य के लिए पीछे हटने की तो कोई बात ही नहीं होती।

मैं जो कुछ कह रहा हूं वह कोई परियों की कहानी नहीं है। मैंने कोई काल्पनिक तस्वीर नहीं खींची है। मैंने उन पुरुषों की गवाही का सार दे दिया है, जिन्होंने प्रार्थना के द्वारा अपनी उर्ध्व गति में आने वाली प्रत्येक कठिनाई को पार किया है; और मैंने अपना भी नम्र प्रमाण जोड़ दिया है कि जैसे-जैसे मेरी उम्र बढ़ती जाती है, वैसे-वैसे मैं यह अनुभव करता जाता हूं कि मुझे श्रद्धा और प्रार्थना से कितनी शक्ति प्राप्त हुई है। और ये दोनों वस्तुएं मेरे लिए एक ही हैं। मैं जिस अनुभव का हवाला दे रहा हूं, वह कुछ घंटों, दिनों या हफ्तों तक ही सीमित नहीं है; यह अनुभव मुझे लगातार लगभग 40 वर्षों से मिलता आ रहा है। मुझे भी निराशाओं के घोर अंधकार का, हार स्वीकार करने या सावधानी बरतने की सलाहों का और अहंकार के सूक्ष्म आक्रमणों का अपना हिस्सा मिला है, परन्तु मैं कह सकता हूं कि मेरी श्रद्धा ने- और मैं जानता हूं कि वह अभी तक बहुत थोड़ी है, कम से कम उतनी बड़ी तो नहीं है जितनी मैं चाहता हूँ- अन्त में उन सब कठिनाईयों पर बड़ी तो नहीं है जितनी मैं चाहता हूं- अन्त में उन सब कठिनाईयों पर अब तक विजय प्राप्त की है। अगर हमें अपने में श्रद्धा है, अगर हमारे भीतर प्रार्थनापूर्ण हृदय है, तो हम ईश्वर को प्रलोभन न दें, उसके साथ कोई शर्त न करें। ... जब तक हम अपने को शून्य नहीं बना लेते, तब तक अपने भीतर की बुराई को नहीं जीत सकते। जो एकमात्र सच्ची और प्राप्त करने के योग्य स्वतंत्रता है, उसकी ईश्वर हमसे संपूर्ण आत्म-समर्पण से कम कीमत नहीं मांगता और जब कोई मनुष्य इस प्रकार अपने आपको ईश्वर में खो देता है, तब वह तुरन्त अपने को सब प्राणियों की सेवा में संलग्न पाता है। वह उसके लिए आनन्द और मनोरंजन बन जाती है। वह एक नया आदमी हो जाता है, जिसे ईश्वर की सृष्टि की सेवा में खप जाने में कभी थकावट नहीं मालूम होती।

यंग इंडिया, 20-12-'28

17

आत्मशुद्धि

प्रेम और अहिंसा का प्रभाव अद्वितीय है। परनतु वे अपना काम बिना शोरगुल, दिखावे या प्रदर्शन के करते हैं। उनके लिए आत्म-विश्वास का होना जरूरी है और आत्म-विश्वास के लिए आत्मशुद्धि होनी चाहिये। निष्कलंक चरित्र और आत्मशुद्धि वाले मनुष्यों के प्रति आसानी से विश्वास हो जाएगा और उनके आसपास का वातावरण अपने आप शुद्ध हो जायगा।

यंग इंडिया, 6-9-'28

सब प्राणियों के साथ तादातम्य साधन आत्मशुद्धि के बिना असंभव है; आत्मशुद्धि के बिना अहिंसा-धर्म का पालन थोथा स्वप्न ही रहेगा; जो हृदय के शुद्ध नहीं हैं, उन्हें ईश्वर-दर्शन कभी नहीं हो सकता। इसलिए आत्मशुद्धि का अर्थ जीवन के सभी पहलुओं में शुद्धि होना चाहिये और शुद्धि चूंकि बड़ी संक्रामक है, इसलिए अपनी शुद्धि से अपने आसपास की शुद्धि भी अवश्य होती है।

आत्मकथा (अंग्रेजी) 1948; पृ० 615

परन्तु शुद्धि का मार्ग कठिन और दुर्गम है। पूर्ण शुद्धता प्राप्त करने के लिए मनुष्य को मन, वचन और कर्म में सर्वथा विकार-रहित बनना पड़ता है। उसे प्रेम और घृणा, राग और द्वेष की विरोधी धाराओं के ऊपर उठना होता है। मैं जानता हूँ कि मुझमें अभी तक वह विविध शुद्धि नहीं आयी है, यद्यपि मैं उसके लिए सतत:, अविश्रान्त प्रयत्न करता हूँ। यही कारण है कि संसार की प्रशंसा मुझे प्रभावित नहीं करती, सच तो यह है कि नह मुझे चुभती है। सूक्ष्म विकारों पर विजयी होना मुझे शस्त्रबल द्वारा संसार की भौतिक विजय से कठिन प्रतीत होता है।

आत्मकथा (अंग्रेजी) 1948; पृ० 616

किसी पवित्र कार्य में कभी हार न मानो और आगे के लिए दृढ़ संकल्प कर लो कि तुम शुद्ध रहोगे और ईश्वर की ओर से तुम्हें अवश्य मदद मिलेगी। परन्तु ईश्वर अहंकारियों की प्रार्थना कभी नहीं सुनता और न उनकी सुनता है जो उसके साथ सौदा करते हैं। .... अगर तुम उससे सहायता चाहते हो तो उसके पास अपने सब आग्रह छोड़कर जाओ, मन में कोई 'किन्तु-परन्तु' मत रखो और यह डर या शंका भी न रखो कि व तुम जैसे पतित प्राणी की सहायता कैसे कर सकता है। जिसने सहायता मांगने वाले लाखों को मदद दी, वह क्या तुम्हें छोड़ देगा? वह कोई भी अपवाद नहीं करता और तुम देखोगे कि तुम्हारी प्रत्येक प्रार्थना सुनी जायगी। अत्यंत अशुद्ध व्यक्तिय़ों की प्रार्थना भी सुनी जायगी। यह मैं अपने निजी अनुभव से कहता हूँ। मैं यातनाओं में से गुजर चुका हूं। पहले स्वर्गीय राज्य की खोज करो, फिर और सब कुछ तुम्हें मिल जायेगा।

यंग इंडिया, 4-4-'29

18

मौन का महत्त्व

मुझे अक्सर ख्याल होता है कि सत्य के शोधक को चुप रहना चाहिये। मुझे मौन की विलक्षण क्षमता का ज्ञान है। मैं दक्षिण अफ्रीका में एक ट्रेपिस्ट मठ देखने गया था। वह बड़ा सुन्दर स्थान था। वहां के अधिकांश निवासियों ने मौनव्रत ले रखा था। मैंने मठ के मुख्य व्यवस्था से पूछा कि इसका हेतु क्या है। उसने कहा कि हेतु तो प्रकट ही है: 'हम सब दुर्बल मनुष्य हैं। अक्सर हम नहीं जानते कि हम क्या कहते हैं। अगर हमें उस छोटी-सी मूक आवाज को सुनना है, जो सदा हमारे भीतर बोलती रहती है, तो वह हमें सुनाई नहीं देगी यदि हम लगातार बोलते रहेंगे।' मैंने वह कीमती पाठ समझ लिया। मुझे मौन का रहस्य मालूम है।

यंग इंडिया, 6-8-'25

अनुभव ने मुझे सिखाया है कि सत्य के पुजारी के लिए मौन उसके आध्यात्मिक अनुशासन का एक अंग है। जाने-अनजाने बढ़ा-चढ़ाकर कहने की, सत्य को दबा देने की या कम-ज्यादा कर देने की वृत्ति मनुष्य की स्वाभाविक कमजोरी है और मौन उस पर विजय प्राप्त करने के लिए जरूरी है। अल्पभाषी मनुष्य अपनी वाणी में क्वचित् ही विचारहीन होता है; वह एक-एक शब्द को तौलेगा। कितने ही आदमी बोलने के लिए अधीर दिखाई देते हैं। किसी सभा का अध्यक्ष ऐसा नहीं होता, जिसके पास बोलना चाहने वालों के पर्चों का ढेर न आता हो। और जिसे भी बोलने दिया जाता है, वह आम-तौर पर समय की मर्यादा का उल्लंघन करता है, अधिक समय मांगता है और इजाजत के बगैर बोलता चला जाता है। यह सब बोलना संसार के लिए शायद ही लाभदायक होता होगा। स्पष्ट ही उतना समय बर्बाद अवश्य होता है।

आत्मकथा (अंग्रेजी) 1948; पृ० 84

जब हम इस विषय पर विचार करते हैं, तो यह महसूस किये बिना नहीं रह सकते कि अगर हम उद्विग्न प्राणी मौन का महत्त्व समझ लें, तो दुनिया का आधा दु:ख खत्म हो जाएगा। हम पर आधुनिक सभ्यता का आक्रमण होने से पहले हमें चौबीस में से कम से कम छह से आठ घंटे मौन के मिलते थे। आधुनिक सभ्यता ने हमें रात क़ो दिन में और मूल्यवान मौन को व्यर्थ के शोरगुल में बदलना सिखा दिया है। यह कितनी बड़ी बात होगी अगर हम अपने व्यस्त जीवन में रोज कम से कम दो घंटे अपने मन के एकान्त में चले जाएं और हमारे भीतर जो महान मौ़न की वाणी है उसे सुनने की तैयारी करें। अगर हम सुनने को तैयार हों तो ईश्वरीय रेडियो तो हमेशा गाता ही रहता है। परंतु मौन के बिना उसे सुनना असंभव है। संत थेरेसाने मौन के मधुर परिणाम का सार बताते हुए एक मोहक चित्र खींचा है:

''आप तुरंत महसूस करेंगे कि आपकी इंन्द्रियां सिमटकर अपनी जगह आ जाती है; जिस तरह मधुमक्खियां अपने छत्ते में लौट आती हैं, उसी तरह वे वापिस आ जाती हैं, काम करने के लिए अपने को बन्द कर लेती हैं और इसके लिए आपको कोई प्रयत्न या चिन्ता नहीं करनी पड़ती। आपकी आत्मा अपने प्रति जो हिंसा करती रही है, उसका बदला ईश्वर यों देता है; और उसे इंन्द्रियों पर ऐसा प्रभुत्व प्रदान करता है कि जब वह अन्तर्मुख होना चाहती है, तब इंन्द्रियों को सिमटकर एक जगह आ जाने के लिए केवल इशारा ही काफी हो जाता है। ज्यों ही आदेश मिलता है, त्यों ही वे पहले से अधिक जल्दी लौट आती हैं। अन्त में इस प्रकार बार-बार अभ्यास करने के बाद ईश्वर उन्हें संपूर्ण शांति और ध्यान की अवस्था की ओर ले जाता है।''

हरिजन, 24-9-'38

मेरे लिए यह (मौन) अब शारीरिक और आध्यात्मिक दोनों प्रकार की आवश्यकता ब़न गया है। शुरू-शुरू में वह काम के दबाव से राहत पाने को लिया ज़ाता था। इसके सिवा मुझे लिखने को समय चाहिये था। परंतु थोड़े दिन के अभ्यास के बाद मुझे उसका आध्यात्मिक मूल्म मालूम हो गया। मेरे मन में अचानक यह विचार दौड़ गया कि यही समय हें जब मैं ईश्वर से अच्छी तरह लौ लगा सकता हूं। और अब तो मुझे ऐसा महसूस होता है, मानो मेरी मनोरचना स्वभावत: मौन के लिए ही हुई है।

हरिजन, 10-12-'38

मेरे जैसे सत्य के जिज्ञासु के लिए मौन बड़ा सहायक है। मौनवृत्ति में आत्मा को उसका मार्ग अधिक स्पष्ट दिखाई देता है। और जो कुछ पकड़ में नहीं आता या जिसे समझने में भ्रम की संभावना होती है, वह स्फटिक की तरह स्पष्ट दिखाई देने लगता है। हमारा जीवन सत्य की एक लंबी और कठोर खोज है और आत्मा को अपनी पूरी ऊंचाई तक पहुंचने के लिए भीतरी विश्राम और शांति की जरूरत होती है।

हरिजन, 10-12-'38

19

धर्मों की समानता

सब धर्म एक ही स्थान पर पहुंचने के अलग अलग रास्ते हैं। अगर हम एक ही लक्ष्य पर पहुंच जाते हैं, तो अलग-अलग रास्ते अपनाने में क्या हर्ज है? वास्तव में जितने मनुष्य हैं उतने ही धर्म है।

हिन्द स्वराज (1946); पृ० 36

मैं मानता हूँ कि कम या अधिक संसार के सभी बड़े-बड़े धर्म सच्चे हैं। 'कम या अधिक' मैं इसलिए कहता हूं कि मेरा विश्वास है कि मानव-प्राणी के अपूर्ण होने से जहां उसका हाथ लगता है वहीं अपूर्णता आ जाती है। पूर्णत्व तो केवल ईश्वर का ही गुण है और वह अवर्णनीय है; भाषा में उसका वर्णन नहीं हो सकता। हां, मेरा यह विश्वास जरूर हैं कि प्रत्येक मनुष्य के लिए ईश्वर के बराबर ही पूर्ण हो जाना संभव है। हम सबके लिए पूर्णता की आकांक्षा रखना जरूरी है, परंतु जब वह सुखद स्थिति प्राप्त हो जाती है तब वह अवर्णनीय, अकथनीय हो जाती है। और इसलिए मैं अत्यंत नम्र भाव से स्वीकार करता हूँ कि वेद, कुरान और बाइबिल भी ईश्वर के अपूर्ण वचन हैं और चूँकि हम अनेक विचारों में इधर-उधर वह जाने वाले अपूर्ण प्राणी हैं, इसलिए ईश्वर की इस वाणी की पूरी तरह समझना भी हमारे लिए असंभव है।

यंग इंडिया, 12-9-'27

एक ईश्वर में विश्वास होना सभी धर्मों का मूल आधार है। परंतु मैं ऐसे किसी समय की कल्पना नहीं कर सकता, जब पृथ्वी पर व्यवहार में एक ही धर्म होगा। सिद्धान्त रूप में, चूंकि ईश्वर एक है, इसलिए एक ही धर्म हो सकता है। परंतु व्यवहारों में मैं ऐसे कोई दो आदमी नहीं जानता

जिनकी ईश्वर-संबंधी कल्पना एक ही हो। इसलिए शायद हमेशा ही अलग अलग प्रकृतियों और जलवायु-संबंधी परिस्थितियों के अनुसार अलग अलग धर्म होंगे।

हरिजन, 2-2-'34

तात्कालिक आवश्यकता यह नहीं है कि एक धर्म हो, बल्कि यह है कि विभिन्न धर्मों के अनुयायियों में परस्पर आदर और सहिष्णुता हो। हम निर्जीव समानता नहीं प्राप्त करना चाहते, परंतु विविधता में एकता चाहते हैं। परम्पराओं, पैतृक संस्कारों, जलवायु और दूसरी परिस्थितियों को मिटाने का प्रयत्न किया जाएगा तो वह असफल ही नहीं होगा, बल्कि अधर्म भी होगा। धर्मों की आत्मा एक है, परंतु वह अनेक रूपों में प्रगट हुई है। ये रूप अनन्त काल तक रहेंगे। ज्ञानी पुरुष इस बाहरी आवरण की परवाह न करके विभिन्न आवरणों के भीतर रहने वाली एक ही आत्मा के दर्शन करेंगे।

यंग इंडिया, 25-9-'25

हिन्दू धर्म में ईसा, मुहम्मद, जरथुस्त्र और मूसा सबके लिए समान स्थान है। मेरे लिए ये एक ही बाग के सुन्दर पुष्प हैं या एक ही शानदार पेड़ की शाखाऐं है। इसलिए वे समान रूप में सत्य है, यद्यपि उनकी प्रेरणा ग्रहण करने वाले और उनका अर्थ लगाने वाले मनुष्य हैं, इसलिए वे सब समान रूप में अपूर्ण भी हैं। जिस ढंग से धर्म-परिवर्तन की प्रवृत्ति आज भारत में और अन्यत्र चल रही है, उसे स्वीकार करना मेरे लिए असंभव है। यह एक ऐसी भूल है जो शायद शांति की और संसार की प्रगति में सबसे बड़ी रुकावट है। यह कहना कि 'धर्म परस्पर-विरोधी है' ईश्वर की निन्दा करना है। फिर भी भारत की हालत का यह ठीक-ठीक वर्णन है। भारतभूमि धर्म की या धर्मों की जननी है, ऐसा मैं मानता हूं। अगर वह सचमुच धर्मों की जननी है तो उसके जननीत्व की परीक्षा हो रही है। एक ईसाई की इच्छा एक हिन्दू को ईसाई बनाने की या हिन्दू की इच्छा ईसाई को हिन्दू बनाने की क्यों होनी चाहिये? यदि हिन्दू भला या ईश्वर-परायण मनुष्य है तो उसे इसी से संतोष क्यों न होना चाहिये? अगर मनुष्य की नीति-अनीतिका कोई ख़्याल नहीं करना हो तो किसी गिरजे मस्जिद या मंदिर में विशेष प्रकार की पूजा विधि एक थोथी चीज हो जाती है; और

वह व्यक्तिगत या सामाजिक विकास के लिए रुकावट भी हो सकती है। और अमुक रीति से उपासना करने या अमुक ही मंत्र जपने का आग्रह भयंकर झगड़ों का प्रबल कारण बन सकता है और उसका परिणाम हिंसक लड़ाईयों में और धर्म अर्थात् स्वयं ईश्वर में घोर अविश्वास उत्पन्न होने के रूप में आ सकता है।

हरिजन, 30-1-'37

परंतु दूसरे धर्मों के शास्त्रों की आलोचना करना या उनके दोष बताना मेरा काम नहीं है। अलबत्ता, यह मेरा विशेष अधिकार है और होना चाहिये कि उनमें जो सचाईयां हों उनकी मैं घोषणा करूँ और उन पर अमल करूं। इसलिए मुझे कुरान की या पैगम्बर के जीवन की जो बातें समझ में न आयें, उनकी आलोचना या निन्दा नहीं करनी चाहिये। परंतु उनके जीवन के जिन पहलुओं को मैं समझ सका हूं और मैं मुझे अच्छे लगे हैं, उनकी प्रशंसा करने के हर मौके का मैं स्वागत करता हूं। रही वे बातें जिनके बारे में कठिनाईयां उपस्थित होती है; उन्हें मैं धर्म प्रेमी मुसलमान मित्रों की दृष्टि से देखकर संतोष कर लेता हूँ और साथ ही इस्लाम के प्रसिद्ध मुस्लिम प्रवक्ताओं की रचनाओं की सहायता से उन्हें समझने की कोशिश करता हूँ। दूसरे धर्मों के प्रति ऐसा पूज्य भाव रखकर ही मैं सब धर्मों की समानता के सिद्धान्त का पालन कर सकता हूं। परंतु हिन्दू धर्म को शुद्ध करने और शुद्ध रखने के लिए उसके दोष बताना मेरा अधिकार भी है और कर्तव्य भी। परंतु जब अहिन्दू लोग हिन्दू धर्म की आलोचना करने लगते हैं और उसके दोष गिनाने लगते हैं, तब वे हिन्दू धर्म के बारे में अपने अज्ञान का ही ढिंढोरा पीटते हैं और उसे हिन्दू दृष्टि से देखने की अपनी असमर्थता प्रगट करते हैं। इससे उनकी दृष्टि विकृत होती है और निर्णय दूषित बनता है। इस प्रकार हिन्दू धर्म के अहिन्दू आलोचकों का मेरा अपना अनुभव मुझे अपनी मर्यादाओं का ज्ञान कराता है और इस्लाम या ईसाई धर्म तथा उनके संस्थापकों की आलोचना करने के बारे में सावधानी रखना सिखाता है।

हरिजन, 13-3-'37

इस्लाम का अल्लाह वही है जो ईसाईयों का गॉड और हिन्दुओं का ईश्वर है। जैसे हिन्दू धर्म में ईश्वर के बहुत से नाम हैं, वैसे ही इस्लाम में भी ईश्वर के अनेक

नाम है। इन नामों से व्यक्तित्व का नहीं, गुणों का निर्देश होता है और अल्पज्ञ मानव ने अपने नम्र ढंग से सर्व-शक्तिमान ईश्वर का वर्णन उसे अनेक गुणवाचक विशेषण देकर करने की कोशिश की है, यद्यपि ईश्वर सब विशेषणों से परे, अवर्णनीय, अकल्पनीय और अज्ञेय है। इस ईश्वर में सजीव श्रद्धा होने का अर्थ है मानव-जाति का भ्रातृत्व स्वीकार करना। इसका अर्थ सब धर्मों के लिए समान आदर भाव भी है।

हरिजन, 14-5-'38

20

सहिष्णुता

मुझे सहिष्णुता (टॉलरेशन) शब्द पसन्द नहीं है, परंतु इससे अच्छा कोई शब्द ध्यान में नहीं आया। सहिष्णुता में खामखां यह मान लिया जाता है कि हमारे अपने धर्म से दूसरे धर्म घटिया है, जब कि अहिंसा हमें यह सिखाती है कि हम दूसरों के धर्म का उतना ही आदर करें जितना हम अपने धर्म का करते हैं। इस प्रकार हम अपने धर्म की अपूर्णता को स्वीकार कर लेते हैं। जो सत्य का जिज्ञासु प्रेमधर्म का पालन करता है वह इस बात को तुरंत स्वीकार कर लेगा। अगर हमें सत्य के संपूर्ण दर्शन हो जाये तो हम जिज्ञासु नहीं रहते; तब तो ईश्वर के साथ हमारी एकात्मता हो जाती है, क्योंकि सत्य ही ईश्वर है। परंतु चूंकि हम केवल जिज्ञासु हैं, इसलिए हम अपनी खोज जारी रखते हैं और हमें अपनी अपूर्णता का भान होता है। और अगर हम खुद अपूर्ण है तो धर्म की हमारी कल्पना भी अपूर्ण ही होगी। जैसे हमने ईश्वर के दर्शन नहीं किये हैं, वैसे ही धर्म की पूर्णता के दर्शन भी नहीं किये हैं। इस प्रकार हमारी कल्पना का धर्म अपूर्ण होता है और उसमें सदा विकास और नये-नये अर्थ करने की गुंजाइश रहती है। इस प्रकार के विकास से ही सत्य की ओर, ईश्वर की ओर प्रगति संभव होती है। और यदि मनुष्यों द्वारा प्रतिपादित सभी धर्म अपूर्ण हैं तो उनकी पारस्परिक तुलना का प्रश्न ही नहीं उठता। सभी धर्मों में सत्य प्रगट हुआ है, परंतु सभी अपूर्ण हैं उनमें भूल हो सकती है। दूसरे धर्मों के प्रति पूज्यभाव रखने का यह मतलब नहीं कि हम उनके दोषों के प्रति अंधे बन जाये। अपने धर्म के दोषों के प्रति तो हमें बहुत जागरूक रहना चाहिये। लेकिन दोषों के कारण उसे छोड़ने का विचार नहीं करना चाहिये, बल्कि उन दोषों पर विजय प्राप्त करने की कोशिश करनी चाहिये। जब हम सब धर्मों को समान दृष्टि से देखेंगे, तब हमें अपने धर्म में दूसरे धर्मों की सभी ग्राह्य बातें अपना लेने में न केवल कोई संकोच न होगा, बल्कि हम उसे अपना फर्ज समझेंगे।

तब यह सवाल उठता है- इतने सारे धर्म क्यों होने चाहिये? हम जानते हैं कि धर्म विविध और अनेक है। आत्मा एक है, परंतु वह अनेक शरीरों को अनुप्रमाणित

करती है। हम शरीरों की संख्या कम नहीं कर सकते; फिर भी हम आत्मा की एकता स्वीकार करते हैं। जैसे एक पेड़ के एक ही तना होता है, परंतु शाखाएं और पत्ते अनेक होते हैं, वैसे ही धर्म एक है, परंतु मत-पन्थ कई हैं। ये सब ईश्वर की देन हैं, परंतु उनमें मानव की अपूर्णता का पुट है; क्योंकि वे मनुष्य की बुद्धि और भाषा के माध्यम से गुजरते हैं। ईश्वर-प्रदत्त धर्म भाषातीत हैं। अपूर्ण मनुष्यों के पास जैसी भी भाषा है उसी में वे उसे रख देते हैं और उनके शब्दों का अर्थ उतने ही अपूर्ण मनुष्य करते हैं। तब फिर किसका अर्थ सही माना जाये? अपने-अपने दृष्टिकोण से सभी सही हैं, परंतु यह असंभव नहीं है कि सभी गलत हों। इसीलिए सहिष्णुता की जरूरत है। इसका अर्थ यह नहीं कि हम अपने धर्म के प्रति उदासीन हो जाएं, परंतु यह है कि उसके प्रति हमारा प्रेम अधिक बुद्धिपूर्ण और शुद्ध हो। सहिष्णुता से हमें आध्यात्मिक परिज्ञान प्राप्त होता है और वह धार्मिक कट्टरता से उतना ही दूर है जितना उत्तरी ध्रुव दक्षिणी ध्रुव से दूर है। धर्म का सच्चा ज्ञान मत-पन्थों के बीच की दीवारों को हटाकर सहिष्णुता उत्पन्न करता है। दूसरे धर्मों के लिए सहिष्णुता रखने से हमें अपने धर्म को सही तौर पर समझने में मदद मिलेगी।

स्पष्ट है कि सहिष्णुता से सही-गलत या भले-बुरे के भेद में फर्क नहीं पड़ता। यहां शुरू से आखिर तक धर्मों से मेरा आशय संसार के मुख्य धर्मों का ही रहा है, जो सब एक ही तरह के मौलिक सिद्धान्तों पर आधारित हैं और जिनमें उन सिद्धान्तों का पालन करने वाले सन्त स्त्री-पुरुष हो गये हैं और हैं। भलाई और बुराई के बारे में हमारा दृष्टिकोण यह होना चाहिये कि हम दुष्टता और पाप के प्रति तो घोर द्वेष रखें, परंतु दुष्ट और सज्जन, पापी और पुण्यात्मा सबके लिए समान रूप में उदारभाव रखें।

यंग इंडिया (बुलेटिन), 2-10-'30

इसलिए आचरण का सुनहरा नियम यह है कि आपस में यह समझकर सहिष्णुता रखी जाये कि हम सबके विचार एक से कभी नहीं होंगे और हम सत्य को आंशिक रूप में और विभिन्न दृष्टियों से ही देख सकते हैं। भले-बुरे की आन्तरिक पहचान सबके लिए एक-जैसी नहीं होती। इसलिए जहां वह व्यक्तिगत आचरण के लिए अच्छा मार्गदर्शन कर सकती है, वहां उस आचरण को सब पर लादना प्रत्येक की अन्तरात्मा की स्वतंत्रता में- भले-बुरे की अपनी आन्तरिक पहचान के अनुसार चलने के अधिकार में- असह्य हस्तक्षेप होगा।

यंग इंडिया, 23-9-'26

21

धर्म-परिवर्तन

[विदेशी धर्म-प्रचारकों के सामने दिये गये प्रवचन से।]

आप धर्म-प्रचारक भारत में यह सोचकर आते हैं कि यह धर्महीनों, मूर्तिपूजकों और ईश्वर को न जानने वालों का देश है। ईसाई पादरियों में एक बहुत बड़े पादरी बिशप हेबर ने ये दो पंक्तियां लिखी हैं, जो मुझे सदा डंक की तरह चुभती रही हैं: 'जहां और सब चीजें सुखदायक हैं, लेकिन आदमी ही बुरा है।' काश, वे ये पंक्तियां न लिखते! भारत भर की मेरी यात्राओं में मेरा अपना अनुभव इससे उल्टा रहा है। मैं देश के एक सिरे से दूसरे सिरे तक कोई पूर्वग्रह न रखकर सत्य की सतत् खोज में घूमा हूं, परंतु मैं यह नहीं कह सकता कि इस सुन्दर भूमि पर- जहां महान गंगा, ब्रह्मपुत्र और यमुना बहती है- बुरे आदमी रहते हैं। वे बुरे नहीं है। वे उतने ही सत्य के जिज्ञासु हैं जितने मैं और आप हैं, शायद हमसे अधिक हों। इस पर मुझे एक फ्रांसीसी पुस्तक की याद आती है, जिसका एक फ्रांसीसी मित्र ने मेरे लिए अनुवाद किया था। उसमें ज्ञान की खोज की एक काल्पनिक यात्रा का वर्णन है। एक दल भारत में उतरा और उसे एक अछूत की छोटी-सी झोंपड़ी में सत्य और ईश्वर के दर्शन हुए। मैं आपसे कहता हूं कि अछूतों की ऐसी अनेक झोंपड़ियां हैं जहां आपको ईश्वर अवश्य मिलेगा। वे तर्क नहीं करते, परंतु इस विश्वास पर जमे रहते हैं और सहायता उन्हें मिल भी जाती है। इन उदात्त अछूतों के बारे में भारत के कोने-कोने में कई कथाएं कही जाती हैं। उनमें से कुछ बुरे हो सकते हैं, फिर भी उनमें मानवता के अत्यंत उदात्त नमूने मौजूद हैं। परंतु क्या मेरा अनुभव केवल अछूतों पर ही समाप्त हो जाता है? नहीं। मैं दावे से कहता हूं कि अब्राह्मण और ब्राह्मण भी ऐसे हैं, जो मानवता के उतने ही बढ़िया नमूने हैं जितने दुनिया के पर्दे पर कहीं भी मिल सकते हैं। भारत में आज भी ऐसे

ब्राह्मण हैं जो त्याग, ईश्वर परायणता और नम्रता की मूर्ति है। ऐसे ब्राह्मण भी हैं जो तन-मन लगाकर अछूतों की सेवा कर रहे हैं; उन्हें अछूतों से किसी पुरस्कार की आशा नहीं है, परंतु कट्टरपंथियों से बहिष्कार की जरूर है। उन्हें इसकी परवाह नहीं, क्योंकि वे अछूतों की सेवा करके ईश्वर की ही सेवा कर रहे हैं। मैं अपने अनुभव से इसका ठीक प्रमाण दे सकता हूं। मैं अत्यंत नम्रतापूर्वक ये सब बातें आपके सामने सिर्फ इसलिए रख रहा हूं कि आप इस देश को, जिसकी सेवा करने आप यहां आये हैं, अधिक अच्छी तरह जान लें। आप यहां भारत के लोगों का कष्ट जानकर उसे मिटाने आये हैं। परंतु मुझे आशा है कि आप यहां ग्रहण करने की वृत्ति भी लेकर आये हैं और अगर भारत में आपको देने लायक कोई चीज है, तो आप अपने कान बन्द नहीं कर लेंगे, अपनी आंखें बन्द नहीं कर लेंगे और अपने हृदय बन्द नहीं कर लेंगे, बल्कि इस देश में जो भी अच्छी बात होगी उसे ग्रहण करने को अपने काम, आंखें और सबसे अधिक अपने दिल खुले रखेंगे। मैं आपको विश्वास दिलाता हूं कि भारत में बहुत कुछ अच्छाई है। आप यह न मान लीजिये कि सन्त जॉन की प्रसिद्ध प्रार्थना का पाठ कर लेने से ही कोई आदमी ईसाई बन जाता है। अगर मैंने बाइबिल ठीक ठीक पढ़ी है तो मुझे ऐसे अनेक मनुष्य ज्ञात है, जिन्होंने कभी ईसा मसीह का नाम तक नहीं सुना, बल्कि ईसाई धर्म के प्रमाणभूत अर्थ को अस्वीकार तक किया है। परंतु अगर ईसा मसीह हमारे बीच फिर से अवतार लें तो वे इन लोगों को हममें से बहुतों से ज्यादा अपनायेंगे। इसलिए मैं आपसे कहता हूं कि इस समस्या पर आप खुले दिल और नम्रता के साथ विचार कीजिये।

मैं आपको उस बात-चीत की याद दिलाये बिना नहीं रह सकता, जिसका वर्णन मैंने दार्जिलिंग मिशनरी लैंग्वेज़ स्कूल में किया था। चीन के बारे में ईसाई प्रचारकों का एक शिष्ट-मंडल लॉर्ड सालिस्बरी की सेवा में उपस्थित हुआ और उसने रक्षा की मांग की। मुझे ठीक शब्द तो याद नहीं हैं, परंतु लॉर्ड सालिस्बरी ने जो उत्तर दिया उसका सार बता सकता हूँ। उन्होंने कहा, "महाशय, अगर आप ईसाई धर्म का सन्देश प्रचारित करने चीन जा रहे हैं तो पार्थिव सत्ता की सहायता मत मांगिये। अपने प्राण हथेली पर रखकर जाइये और चीन के लोग आपको मारना चाहें तो ऐसा मानिये कि आपने ईश्वर की सेवा में अपने प्राण दे दिये हैं।" लॉर्ड सालिस्बरी ने ठीक ही कहा था। ईसाई धर्म-प्रचारक भारत में एक सांसरिक शक्ति की छाया में या यों कहिये कि

उसके संरक्षण में आते हैं और इससे एक ऐसी रुकावट खड़ी हो जाती है जिसे पार नहीं किया जा सकता।

अगर आप मुझे आंकड़ें दें कि आपने इतने अनाथों को अपनाकर ईसाई धर्म की दीक्षा दी है तो मैं उन्हें मान लूंगा, परंतु इससे मुझे यह विश्वास नहीं हो जाएगा कि यह आपका मिशन है। मेरी राय में आपका मिशन इससे कहीं श्रेष्ठ है। आप भारत में मनुष्य ढूंढ़ना चाहते हैं। और वह भी उन्हें कुछ देने की नहीं बल्कि उनसे कुछ लेने को। चूंकि मैं भारत के ईसाई धर्म-प्रचारकों और यूरोपियन का हितैषी होने का दावा करता हूँ, इसलिए आपसे वही बात कहता हूँ जो मुझे दिल की गहराई में महसूस होती है। मुझे आप लोगों में ग्रहणशील, वृत्ति, नम्रता और भारत के जनसाधारण से तादात्म्य स्थापित करने की इच्छा का अभाव मालूम होता है। मैंने दिल की साफ बातें कही हैं। आशा है आपके हृदयों से वैसा ही उत्तर मिलेगा।

यंग इंडिया, 6-8-'25

मेरी राय में मानव दया के कार्यों की आड़ में धर्म-परिवर्तन करना कम से कम अहितकर तो है ही। अवश्य ही यहां के लोग इसे नाराजगी की दृष्टि से देखते हैं। आखिर तो धर्म एक गहरा व्यक्तिगत मामला है, उसका संबंध दिल से है। कोई ईसाई डॉक्टर मुझे किसी बीमारी से अच्छा कर दे तो मैं अपना धर्म क्यों बदल लूँ, या जिस समय मैं उसके असर में हूँ तब वह डॉक्टर मुझसे इस तरह के परिवर्तन की आशा क्यों रखे या ऐसा सुझाव क्यों दे? क्या डॉक्टरी सेवा अपने आप में ही एक पारितोषिक और संतोष नहीं है? या जब मैं किसी ईसाई शिक्षा-संस्था में शिक्षा लेता होऊं तब मुझ पर ईसाई शिक्षा क्यों थोपी जाये? मेरी राय में ये बातें ऊपर उठाने वाली नहीं है और अगर भीतर ही भीतर शत्रुता पैदा नहीं करतीं तो भी संदेह तो उत्पन्न करती ही हैं। धर्म-परिवर्तन के तरीके ऐसे होने चाहिये जिन पर सीज़र की पत्नी की तरह किसी को कोई शक न हो सके। धर्म की शिक्षा लौकिक विषयों की तरह नहीं दी जाती। वह हृदय की भाषा में दी जाती है। अगर किसी आदमी में जीता-जागता धर्म है तो उसकी सुगंध गुलाब के फूल की तरह अपने आप फैलती है। सुगंध दिखाई नहीं देती, इसलिए फूल की पखुड़ियों के रंग की प्रत्यक्ष सुन्दरता से उसकी सुगन्ध का प्रभाव अधिक व्यापक होता है।

मैं धर्म-परिवर्तन के विरुद्ध नहीं हूँ, परंतु मैं उसके आधुनिक उपायों के

विरुद्ध हूँ। आजकल और बातों की तरह धर्म-परिवर्तन भी एक व्यापार का रूप ले लिया है। मुझे ईसाई धर्म-प्रचारकों की एक रिपोर्ट पढ़ी हुई याद है, जिसमें बताया गया था कि प्रत्येक व्यक्ति का धर्म बदलने में कितना खर्च हुआ, और फिर 'अगली फसल' के लिए बजट पेश किया गया था।

हां, मेरी यह राय जरूर है कि भारत के महान धर्म उसके लिए सब तरह से काफी है। ईसाई और यहूदी धर्म के अलावा हिन्दू धर्म और उसकी शाखाएं, इस्लाम और पारसी धर्म सब सजीव धर्म है। दुनिया में कोई भी एक धर्म पूर्ण नहीं है। सभी धर्म उनके मानने वालों के लिए समान रूप से प्रिय हैं। इसलिए जरूरत संसार के महान धर्मों के अनुयायियों में सजीव और मित्रतापूर्ण संपर्क स्थापित करने की है, न कि हर सम्प्रदाय द्वारा दूसरे धर्मों की अपेक्षा अपने धर्म की श्रेष्ठता जताने की व्यर्थ कोशिश करके आपस में संघर्ष पैदा करने की। ऐसे मित्रतापूर्ण संबंध के द्वारा हमारे लिए अपने-अपने धर्मों की कमियां और बुराइयां दूर करना संभव होगा।

मैंने ऊपर जो कुछ कहा है उससे यह निष्कर्ष निकलता है कि जिस प्रकार का धर्म-परिवर्तन मेरी दृष्टि में है उसकी हिन्दुस्तान में जरूरत नहीं है। आज की सबसे बड़ी आवश्यकता यह है कि आत्मबुद्धि, आत्म-साक्षात्कार के अर्थ में धर्म-परिवर्तन किया जाय। परंतु धर्म-परिवर्तन करने वालों का यह हेतु कभी नहीं होता। जो भारत का धर्म-परिवर्तन करना चाहते हैं, उनसे क्या यह नहीं कहा जा सकता कि 'वैद्यजी, आप अपना ही इलाज कीजिये?'

यंग इंडिया, 23-4-'31

जब मैं जवान था उस समय की एक हिन्दू के ईसाई हो जाने की बात मुझे याद है। सारे नगर ने समझ लिया था कि एक अच्छे कुल के हिन्दू ने ईसा मसीह के नाम पर ग़ोमांस और मदिरा का सेवन शुरू कर दिया है और अपनी राष्ट्रीय पोशाक छोड़ दी है। बाद में मुझे मालूम हुआ और मेरे अनेक पादरी मित्रों ने भी बताया कि धर्म बदलने वाले लोग बंधन के जीवन से निकलकर आजादी के जीवन में, गरीबी से निकलकर आराम के जीवन में प्रवेश करते हैं। जब मैं भारतवर्ष के एक सिरे से दूसरे सिरे तक घूमता हूं, तो मुझे ऐसे बहुत से भारतीय ईसाई मिलते हैं, जिन्हें अपने जन्म से और अपने बाप-दादाओं के धर्म से शर्म आती है। एंग्लो-इंडियन लोग यूरोपियनों जो नकल करते हैं वही काफी बुरी है, परंतु भारतीय ईसाई जिस तरह उनकी नकल करते हैं वह तो अपने देश के प्रति और मैं यहां तक कहूंगा कि अपने नये धर्म के प्रति भी

द्रोह है। 'न्यू टेस्टामेंट' में एक वचन है जिसमें ईसाई को यह आदेश दिया गया है कि मांसाहार से तुम्हारे पड़ोसियों को बुरा लगे तो उसे छोड़ दिया जाए। मेरा ख़्याल है कि यहां मांस में मदिरापान और पोशाक भी आ जाती है। पुराने रिवाजों में जितनी भी बुराईयां हैं, उन सबका कठोर बनकर त्याग कर दिया जाए तो मैं उसे समझ सकता हूं। परंतु जहां किसी बुराई का प्रश्न ही न हो, बल्कि प्राचीन रिवाज ईष्ट हो वहां तो उसे छोड़ना पाप ही है, क्योंकि हमें निश्चित रूप से मालूम रहता है कि उसके त्याग से इष्ट मित्रों को गहरी चोट पहुंचेंगी। धर्म-परिवर्तन का अर्थ राष्ट्रीयता का त्याग कभी नहीं होता। धर्म-परिवर्तन का अर्थ निश्चित रूप से यह होना चाहिये कि पुराने धर्म की बुराई छोड़ दी जाए, नये धर्म की सारी अच्छाई ले ली जाए और नये में जो भी बुराई हो उससे पूरी तरह बचा जाए। इसलिए धर्म-परिवर्तन का यह नतीजा होना चाहिये कि हम अपने देश के प्रति अधिक भक्ति का, ईश्वर के सामने अधिक समर्पण का और अधिक आत्मशुद्धि का जीवन व्यतीत करें। ..... क्या यह सचमुच दुःखद बात नहीं है कि बहुत से भारतीय ईसाई अपनी मातृभाषा को छोड़कर अपने बच्चों को अंग्रेजी में ही बोलने की शिक्षा देते है? क्या ऐसा करके वे अपने बच्चों को जिस प्रजा के बीच में उन्हें रहना है उससे पूरी तरह अलग नहीं कर लेते?

यंग इंडिया, 20-8-'24

ईसा के उपदेशों के अनुसार जीवन जीना शुरू में, बीच में और आखिर में सबसे कारगर रास्ता है।... पादरियों का धर्मोपदेश मेरे कानों को खटकता है; वह मुझे नहीं जंचता। जो धर्म-प्रचारक भाषणों द्वारा उपदेश देते हैं उन पर मुझे सन्देह होने लगता है। परंतु जो लोग कभी धर्म का उपदेश न देकर अपने-अपने ज्ञान के अनुसार जीवन व्यतीत करते हैं उनसे मैं प्रेम करता हूं। उनके जीवन शान्त होते हैं, परंतु सबसे प्रभावकारी प्रमाण भी होते हैं। इसलिए मैं यह तो नहीं कह सकता कि क्या उपदेश दिया जाए, परंतु यह जरूर कह सकता हूं कि सेवा और अत्यन्त सादगी का जीवन उत्तम उपदेश है। गुलाब के फूल को कोई उपदेश देने की जरूरत नहीं पड़ती, वह सिर्फ अपनी सुगन्ध फैलाता है। यह सुगन्ध ही उसका अपना उपदेश है। अगर उसमें मनुष्य की-सी समझ हो और वह कुछ उपदेशकों को नौकर रख ले, तो जितने फूलों की बिक्री उनकी सुगन्ध से हो सकती है उससे अधिक प्रचारकों के उपदेश से नहीं हो सकती। धार्मिक और

आध्यात्मिक जीवन की सुगन्ध गुलाब के फूल से अधिक मधुर और सूक्ष्म होती है।

हरिजन, 293-3-"35

जैसे मैं अपना धर्म बदलने की कल्पना नहीं कर सकता, वैसे ही किसी ईसाई या मुसलमान या पारसी या यहूदी को अपना धर्म बदलने के लिए कहने की कल्पना भी नहीं कर सकता। इसलिए मुझे जितना अपने धर्म के अनुयायियों की गंभीर मर्यादाओं का ध्यान है, उतना ही दूसरे धर्मों के अनुयायियों की मर्यादाओं का ध्यान है। और जब मैं यह देखता हूं कि मुझे अपने आचरण को अपने धर्म के अनुसार बनाने में और उसे अपने सहधर्मियों को समझाने में अपनी सारी शक्ति खर्च कर देनी पड़ती है, तब मुझे दूसरे धर्मों के अनुयायियों को उपदेश देने का तो ख़्याल भी नहीं आता। मनुष्य के आचरण के लिए यह सुन्दर नियम है: 'दूसरों के काजी न बनो, नहीं तो दूसरे तुम्हारे काजी बनेंगे।' मेरे मन पर यह विश्वास दिनोंदिन जमता जा रहा है कि महान और सम्पन्न ईसाई मिशन भारत की सच्ची सेवा करेंगे, यदि वे अपने को इस बात के लिए तैयार कर लें कि वे दया के कामों तक ही अपने को सीमित रखेंगे और उसमें भारत को या कम से कम उसके भोले-भाले ग्रामीणों को ईसाई बनाने की भावना न रखेंगे तथा इस तरह उनकी सामाजिक रचना को नष्ट न करेंगे। क्योंकि उसमें अनेक दोष होते हुए भी वह बाहरी और भीतरी हमलों के सामने अनन्त काल से टिकी हुई है। ईसाई धर्म-प्रचारक और हम चाहें या न चाहें, तो भी हिन्दू धर्म में जो सत्य है वह टिका रहेगा और जो असत्य है वह नष्ट हो जायगा। किसी भी सजीव धर्म को यदि जीवित रहना है तो स्वयं उसके भीतर जीवन-शक्ति होनी चाहिये।

हरिजन, 28-9-'35

शुद्धि और तबलीग

मेरी राय में ईसाईयों में और उससे कुछ कम मुसलमानों में जिस अर्थ में धर्म-परिवर्तन को समझा जाता है कि वैसी कोई चीज हिन्दू धर्म में नहीं है। मेरे ख़्याल से आर्यसमाज ने अपने धर्म-प्रचार की योजना बनाने में ईसाईयों की नकल की है। यह आजकल की पद्धति मुझे नहीं जंचती। इससे लाभ की अपेक्षा हानि अधिक हुई है। यद्यपि धर्म-परितर्वन सर्वथा हृदय की और अपने तथा ईश्वर के बीच की वस्तु समझी जाती है, फिर भी उसे इतना बाजरू बना

दिया गया है कि उसमें मुख्यत: स्वार्थवृत्ति को ही जगाने की कोशिश की जाती है।.... मेरी हिन्दू धर्मवृत्ति मुझे सिखाती है कि थोड़े या बहुत सभी धर्म सच्चे हैं। सबकी उत्पत्ति एक ही ईश्वर से हुई है, परंतु सब धर्म अपूर्ण हैं, क्योंकि वे अपूर्ण मानव-माध्यम के द्वारा हम तक पहुंचे हैं। सच्चा शुद्धि का आन्दोलन यह होना चाहिये कि हम सब अपने-अपने धर्म में रहकर पूर्णता प्राप्त करने का प्रयत्न करें। इस प्रकार की योजना में एकमात्र चरित्र ही मनुष्य की कसौटी होगा। अगर एक बाड़े से निकलकर दूसरे में चले जाने से कोई नैतिक उत्थान न होता हो तो जाने से क्या लाभ? शुद्धि या तबलीग का फलितार्थ ईश्वर की सेवा ही होना चाहिये। इसलिए मैं ईश्वर की सेवा के खातिर यदि किसी का धर्म बदलने की कोशिश करूं तो उसका क्या अर्थ होगा, जब मेरे ही धर्म को मानने वाले रोज अपने कर्मों से ईश्वर का इनकार करते है? दुनियावी बातों के बनिस्बत धर्म के मामलों में यह कहावत अधिक लागू होती है कि 'वैद्यजी, पहले अपना इलाज कीजिये।'

यंग इंडिया, 29-5-'24

22

मैं हिन्दू क्यों हूं?

चूंकि मैं पैतृक संस्कारों को मानता हूं और एक हिन्दू परिवारों में पैदा हुआ हूँ, इसलिए मैं हिन्दू रहा हूँ। अगर मुझे मालूम हो जाये कि हिन्दू धर्म का मेरे नैतिक विचारों या आध्यात्मिक विकास के साथ मेल नहीं बैठता तो मैं उसे छोड़ दूंगा। मगर जांच करके मैंने पाया है कि मैं जितने धर्मों को जानता हूँ, उन सबमें हिन्दू धर्म सबसे अधिक सहिष्णु हैं। इसमें कट्टरता का जो अभाव है वह मुझे बहुत पसन्द आता है, क्योंकि इससे उसके अनुयायी को आत्माभिव्यक्ति के लिए अधिक से अधिक अवसर मिलता है। हिन्दू धर्म एकांगी धर्म न होने के कारण उसके अनुयायी न सिर्फ अन्य सब धर्मों का आदर कर सकते हैं, परंतु दूसरे धर्मों में जो कुछ अच्छाई हो उसकी प्रशंसा भी कर सकते हैं और उसे हजम भी कर सकते हैं अहिंसा सभी धर्मों में समान है परंतु हिन्दू धर्म में वह सर्वोच्च रूप में प्रगट हुई है। और उसका प्रयोग भी हुआ है। (मैं जैन धर्म या बौद्ध धर्म को हिन्दू धर्म से अलग नहीं मानता।) हिन्दू धर्म न केवल मनुष्य मात्र की, बल्कि प्राणी मात्र की एकता में विश्वास रखता है। मेरी राय में गाय की पूजा करके उसने दयाधर्म के विकास में अद्‌भुत सहायता की है। यह प्राणीमात्र की एकता में और इसलिए पवित्रता में विश्वास रखने का व्यावहारिक प्रयोग है। पुर्नजन्म की महान धारणा इस विश्वास का सीधा परिणाम है। अन्त में वर्णाश्रम धर्म का आविष्कार सत्य की निरन्तर शोध का भव्य परिणाम है।

यंग इंडिया, 20-10-'27

मैं अपने आपको सनातनी हिन्दू कहता हूं, क्योंकि:

(1) मेरा वेदों, उपनिषदों, पुराणों और जिन्हें हिन्दू धर्मशास्त्र कहा जाता है, उन सब में और इसलिए अवतारों तथा पुनर्जन्म में भी विश्वास है:

(2) वर्णाश्रम धर्म में मेरा विश्वास शुद्ध वैदिक अर्थ में हैं, न कि उसके वर्तमान प्रचलित और भद्दे अर्थ में;

(3) गोरक्षा में मेरा विश्वास प्रचलित अर्थ से कहीं अधिक विशाल अर्थ में है;

(4) मूर्तिपूजा में मेरा अविश्वास नहीं है।

पाठक देखेंगे कि वेदों अथवा अन्य धर्मशास्त्रों के संबंधों में मैंने अपौरुषेय या ईश्वर-प्रणीत शब्द का प्रयोग जान-बूझकर नहीं किया है। कारण, मैं नहीं मानता कि केवल वेद ही अपौरुषेय या ईश्वर-प्रणीत हैं। मैं मानता हूं कि वेदों में जितनी दैवी प्रेरणा है इतनी ही बाइबिल कुरान और अवेस्ता में भी है। हिन्दू धर्मशास्त्रों में मेरी श्रद्धा है, इसलिए यह जरूरी नहीं कि में उनके प्रत्येक शब्द और प्रत्येक श्लोक को ईश्वर-प्रेरित मान लूं। मेरा यह दावा भी नहीं है कि मुझे इन अद्भुत ग्रंथों का कोई प्रत्यक्ष ज्ञान है। मगर मेरा यह दावा जरूर है कि मैं धर्मशास्त्रों के मूल उपदेश की सच्चाई को जानता और अनुभव करता हूँ। उनका कोई अर्थ कितना ही पांडित्यपूर्ण क्यों न हो, यदि वह मेरी बुद्धि या नैतिक बुद्धि को अग्राह्य है, तो मैं उससे बंधने से इनकार करता हूँ। अगर वर्तमान शंकराचार्यों और शास्त्रियों का यह दावा हो कि वे हिन्दू धर्मशास्त्रों का जो अर्थ करते हैं वही एकमात्र सच्चा अर्थ है, तो मैं उसका जोरों से खंडन करता हूं। इसके विपरीत मैं मानता हूँ कि इन धर्मग्रंथों का हमारा वर्तमान ज्ञान अत्यंत अव्यवस्थित स्थिति में है। इस धर्मसूत्र पर मेरी अटूट श्रद्धा है कि जिसने अहिंसा, सत्य और ब्रह्मचर्य में पूर्णता प्राप्त नहीं की हो और जिसने समस्त परिग्रह छोड़ न दिया हो, उसे शास्त्रों कां सच्चा ज्ञान नहीं होता। गुरु-प्रणाली में मेरा विश्वास है। परंतु इस युग में लाखों मनुष्यों को गुरु नहीं मिलते, क्योंकि विरलों में ही पूर्ण शुद्धता और पांडित्य का सामंजस्य होता है। परंतु अपने धर्म की सच्चाई जानने में हमें निराश होने की आवश्यकता नहीं, क्योंकि प्रत्येक महान धर्म की तरह हिन्दू धर्म के मूलभूत सिद्धान्त सनातन और समझने में सुगम हैं। हर हिन्दू ईश्वर में, उसके 'एकमेवाद्वितीयम्' होने में, पुनर्जन्म में और मोक्ष में विश्वास रखता है।... मैं शुरू से ही सुधारक रहा हूँ। परंतु मेरा उत्साह मुझे हिन्दू धर्म की किसी मूलभूत बात को अस्वीकार करने के लिए नहीं कहता। मैंने कहा है कि मूर्तिपूजा में मेरा अविश्वास नहीं है। मूर्ति को देखकर मुझमें कोई पूजा का भाव उदय नहीं होता। परंतु मेरा विचार है कि मूर्तिपूजा मनुष्य के

स्वभाव का ही एक अंग है। हमें बाह्य प्रतीकों की लालसा होती ही है। अन्यथा हमें जो शांति देवालय में मिलती है, वह अन्यत्र क्यों नहीं मिलती? मूर्तियां ईश्वर की उपासना में सहायक होती है। कोई भी हिन्दू किसी मूर्ति को ईश्वर नहीं समझता। मैं मूर्तिपूजा को पाप नहीं मानता।

इन बातों से स्पष्ट है कि हिन्दू धर्म कोई एकांगी धर्म नहीं है। उसमें संसार के संग पैगम्बरों या विभूतियों की पूजा के लिए स्थान है। साधारण अर्थ में वह प्रचारक धर्म नहीं है। बेशक, उसने अनेक जातियों को अपने में समा लिया है। परंतु यह क्रिया विकास-क्रम के न्याय से अदृश्य रूप में हुई है। हिन्दू धर्म कहता है कि सब अपने ही विश्वास या धर्म के अनुसार ईश्वर की पूजा करें, इसलिए वह सब धर्मों के साथ शान्ति से रहता है।

यंग इंडिया, 6-10-'21

23

बौद्ध धर्म, ईसाई धर्म और इस्लाम

मैंने असंख्य बार यह सुना है और बौद्ध धर्म की भावना को प्रगट करने का दावा करने वाली पुस्तकों में पढ़ा है कि बुद्ध ईश्वर को नहीं मानते थे। मेरे नम्र मत में ऐसा मानना बुद्ध के मुख्य उपदेश के विरुद्ध है।... यह गड़बड़ इसलिए पैदा हुई है कि उन्होंने अपने युग में ईश्वर के नाम पर चलने वाली सभी हीन वस्तुओं को अस्वीकार कर दिया था और वह ठीक भी था। बेशक, उन्होंने इस धारणा को अस्वीकार कर दिया था कि ईश्वर नामधारी कोई प्राणी द्वेषवश काम करता है, अपने कर्मों पर पश्चात्ताप कर सकता है, पार्थिव राजाओं की तरह वह भी प्रलोभनों और रिश्वतों में फंस सकता है और उसका कृपापात्र बना जा सकता है। उनकी सारी आत्मा ने इस विश्वास के विरुद्ध प्रबल विद्रोह किया था कि ईश्वर नामधारी प्राणी को अपने ही पैदा किये हुए जीवित प्राणियों का ताजा खून अच्छा लगता है और इससे वह प्रसन्न होता है। इसलिए बुद्ध ने ईश्वर को फिर से उचित स्थान पर बैठा दिया और जिस अनधिकारी ने उस सिंहासन को हस्तगत कर लिया था उसे पदभ्रष्ट कर दिया। उन्होंने जोर देकर पुनः इस बात की घोषणा की कि इस इस विश्व का नैतिक शासन शाश्वत और अपरिवर्तनीय है। उन्होंने निःसंकोच कहा कि नियम ही ईश्वर है।

यंग इंडिया, 24-11-'27

ईश्वर के नियम शाश्वत और अपरिवर्तनीय है और स्वयं ईश्वर से भी अलग नहीं किये जा सकते। ईश्वर की पूर्णता की यह अनिवार्य शर्त है। इसलिए यह भारी गड़बड़ी पैदा हुई कि बुद्ध ईश्वर को नहीं मानते थे और केवल नैतिक नियमों में विश्वास रखते थे। और ईश्वर-संबंधी इस गड़बड़ के

कारण ही उस महान शब्द 'निर्वाण' को ठीक तरह से समझने के बारे में भी गड़बड़ पैदा हुई। निःसन्देह निर्वाण का अर्थ सर्वथा नाश नहीं है। जहां तक मैं बुद्ध के जीवन का केन्द्रीय तथ्य समझ पाया हूं, निर्वाण का अर्थ है हममें जो कुछ हीन है, जो कुछ बुरा है, जो कुछ विकारमय है और विकार के वश होने जैसा, उसका संपूर्ण नाश। निर्वाण श्मशान की-सी कलिमापूर्ण जड़ शांति नहीं, किन्तु सजीव शान्ति है। वह ऐसी आत्मा का सजीव आनन्द है, जिसे अपना भान है और शाश्वत तत्त्व के हृदय में अपना स्थान प्राप्त कर चुकने का ज्ञान है।

यंग इंडिया, 24-11-'27

मानव-जाति को बुद्ध की यह बड़ी देन तो थी ही कि उन्होंने ईश्वर को उसके शाश्वत स्थान पर फिर से प्रस्थापित किया, परन्तु मेरी नम्र राय में मनुष्य-जाति को उनकी इससे भी बढ़ी देन थी सभी प्राणियों के लिए, चाहे वे कितने ही छोटे हों, प्रेम तथा आदर भाव रखने का आग्रह है।

यंग इंडिया, 20-1-'27

मैं कह सकता हूं कि किसी ऐतिहासिक ईसा में मेरी कभी दिलचस्पी नहीं रही। अगर कोई यह साबित कर दे कि ईसा नामधारी मनुष्य कभी हुआ ही नहीं और बाइबिल का वर्ण कपोल-कल्पित है तो मुझे उसकी परवाह न होगी, क्योंकि उस सूरत में भी ईसा का महान उपदेश मेरे लिए सत्य ही रहेगा।

यंग इंडिया, 31-12-.'31

मैं यह नहीं मान सकता कि केवल ईसा में ही देवांश था। उनमें उतना ही दिव्यांश था जितना कृष्ण, राम, मुहम्मद या जरयुस्त्र में था। इसी तरह मैं जैसे वेदों या कुरान के प्रत्येक शब्द को ईश्वर-प्रेरित नहीं मानता, वैसे ही बाइबिल के प्रत्येक शब्द को भी ईश्वर-प्रेरित है, परंतु अलग अलग वस्तुओं को देखने पर उनमें से अनेकों में मुझे ईश्वर-प्रेरणा नहीं मिलती। मेरे लिए बाइबिल उतनी ही आदरणीय धर्म-पुस्तक है, जितनी गीता और कुरान है।

हरिजन, 6-3-'37

मेरे लिए ईसा का क्या... अर्थ है? मेरे ख़्याल से वे मानवजाति के महानतम

गुरुओं में से एक थे। उनके अनुयायियों के लिए वे ईश्वर के एकमात्र पुत्र थे। मैं इस विश्वास को मानूं या न मानूं, लेकिन क्या इससे मेरे जीवन पर ईसा का प्रभाव कम या ज्यादा हो सकता है? क्या उनके उपदेश और सिद्धान्त का सारा गौरव मेरे लिए निषिद्ध हो जाएगा? मैं यह नहीं मान सकता।

'दि मॉडर्न रिव्यू', अक्तूबर, 1942

मैं मानता हूँ कि संसार के विभिन्न धर्मों के गुण-दोषों का अंदाजा लगाना असंभव है और मेरा यह भी विश्वास है कि ऐसी कोशिश करना अनावश्यक और हानिकारक भी है। परंतु मेरी राय में उनमें से प्रत्येक के मूल में एक ही प्रेरक हेतु है- मानव के जीवन को ऊंचा उठाने और उसे उद्देश्य प्रदान करने की इच्छा और चूंकि ईसा के जीवन में उपरोक्त महत्त्व और श्रेष्ठता है, इसलिए मैं मानता हूं कि वे केवल ईसाई धर्म के ही नहीं हैं, परन्तु सारे जगत के और तमाम जातियों और लोगों के भी है, भले ही वे किसी भी झंडे, नाम या सिद्धान्त के मातहत काम करें, किसी भी धर्म को मानें या अपने बाप दादाओं से पाये हुए देवता की पूजा करें।

'दि मॉडर्न रिव्यू', अक्तूबर, 1941

मैं ईसा के 'पर्वतीय उपदेश' और भगवद्गीता में कोई अन्तर नहीं देख पाया हूँ। जो बात उस उपदेश में विशद ढंग से वर्णन की गई है, उसी को भगवद्गीता में एक वैज्ञानिक सूत्र का रूप दे दिया गया है। वह माने हुए अर्थ में वैज्ञानिक ग्रंथ भले न हो, परंतु उसमें प्रेमधर्म को- या जैसा मैं कहूंगा, समर्पण-धर्म को- तर्क द्वारा शास्त्रीय ढंग से सिद्ध करने की कोशिश की गई है। 'पर्वतीय उपदेश' अद्भुत भाषा में उसी धर्म का वर्णन करता है। 'न्यू टेस्टामेण्ट' से मुझे अपार सांत्वना और असीम आनंद मिला, क्योंकि वह 'ओल्ड टेस्टामेण्ट' के कुछ भागों से हुई विरक्ति के बाद मेरे पढ़ने में आया। मान लीजिये कि आज मुझे गीता से वंचित कर दिया जाए और मैं उसकी सारी बातें भूल जाऊं, परंतु मेरे पास पर्वतीय उपदेश की पुस्तिका हो, तो मुझे उससे उतना ही आनन्द प्राप्त होगा जितना गीता से होता है।

यंग इंडिया, 22-12-'27

अवश्य ही मैं इस्लाम को उसी अर्थ में शाति का धर्म मानता हूँ, जिस अर्थ

में ईसाई, बौद्ध और हिन्दू धर्म शांति के धर्म है। बेशक, मात्रा का फर्क है, परन्तु इन धर्मों का उद्देश्य शांति है।

यंग इंडिया, 20-1-'27

भारत की राष्ट्रीय संस्कृति के लिए इस्लाम की विशेष देन तो यह है कि वह एक ईश्वर में खालिस विश्वास रखता है और जो लोग उसके दायरे के भीतर है, उनके लिए व्यवहार में वह मानव-भ्रातृत्व के सत्य को लागू करता है। इन्हें मैं इस्लाम की दो विशेष देनें मानता हूं, क्योंकि हिन्दू धर्म में भ्रातृभाव बहुत अधिक दार्शनिक बन गया है। इसी तरह दार्शनिक हिन्दू धर्म में ईश्वर के सिवा और कोई देवता नहीं है, फिर भी इससे इनकार नहीं किया जा सकता कि व्यवहार में हिन्दू धर्म इस मामले में इतना कट्टर और जोरदार रवैया नहीं रखता जितना इस्लाम रखता है।

यंग इंडिया, 21-3-'29

24

ईश्वर और देवता

पादरी ने सुझाया, 'अगर हिन्दू धर्म एकेश्वरवादी बन जाय तो ईसाई धर्म और हिन्दू धर्म मिलकर भारत की सेवा कर सकते हैं।'

गांधीजी ने कहा 'सहयोग हो तो मुझे बड़ी खुशी होगी। परन्तु वह हो नहीं सकता, अगर ईसाई मिशन हिन्दू धर्म की खिल्ली उड़ाते रहें और यह कहते रहें कि जब तक कोई हिन्दू धर्म को छोड़ न दे और उसकी निन्दा न करे, तब तक वह स्वर्ग को नहीं जा सकता। परन्तु मैं एक ऐसे भले ईसाई की कल्पना कर सकता हूं, जो चुपचाप अपना काम करता रहे और जैसे गुलाब के फूल को अपनी सुगन्ध फैलाने के लिए किसी भाषण की जरूरत नहीं होती और वह सुगन्ध फैलाता रहता है- क्योंकि सुगन्ध फैलाते बगैर वह रह नहीं सकता- उसी तरह वह ईसाई हिन्दू जातियों को अपने जीवन की मधुर सुगन्ध से प्रभावित करता रहे। सच्चे आध्यात्मिक जीवन में यही बात होती है। ऐसा हो तो अवश्य ही पृथ्वी पर शांति और मनुष्यों में सद्भावना स्थापित होगी। परन्तु वह तब तक नहीं होगी जब तक ईसाई धर्म में आक्रामकता या बलवाद रहेगा। बाइबिल में तो यह बात नहीं पाई जाती, परन्तु जर्मनी और दूसरे देशों में आपको यह बात मिलेगी।'

'परन्तु यदि भारतवासी एक ईश्वर में विश्वास रखने लगें और मूर्तिपूजा छोड़ दें, तो क्या आपके ख़्याल से सारी मुश्किल हल नहीं हो जाएगी?'

'क्या इससे ईसाईयों को संतोष हो जायगी? वे सब एकमत हैं?'

कैथोलिक पादरी ने कहा, 'बेशक, सारे ईसाई संप्रदाय आपस में एकमत नहीं है।'

'तब तो आप केवल सैद्धान्तिक प्रश्न पूछ रहे है और मैं आपसे पूछता हूँ कि यद्यपि इस्लाम और ईसाई धर्म एक ही ईश्वर में मानने वाले कहे जाते हैं, फिर भी क्या उन दोनों में मल हो गया है? अगर इन दोनों में मेल नहीं हुआ तो आपके सुझाये हुए ढंग पर ईसाईयों और हिन्दुओं के मिल जाने की तो और

भी कम आशा है। मेरे·पास अपना ही हल है; परन्तु पहले तो मैं इस वर्णन को ही नहीं मानता कि हिन्दू अनेक ईश्वरों को मानते हैं और मूर्तिपूजक हैं। वे यह जरूर कहते हैं कि अनेक देवता हैं, परन्तु वे यह घोषणा भी असंदिग्ध रूप में करते हैं कि ईश्वर एक है और वह देवताओं का भी ईश्वर है। इसलिए यह कहना अनुचित है कि हिन्दू अनेक ईश्वरों को मानते हैं। बेशक, वे अनेक लोकों को मानते हैं। जैसे एक मनुष्यों का लोक है और दूसरा जानवरों का, ठीक वैसे ही एक ऐसा लोक भी है जिसमें देवता नामधारी श्रेष्ठ प्राणी रहते हैं, जो हमें दिखाई तो नहीं देते फिर भी हैं अवश्य! सारी बुराई देव या देवता शब्द के अंग्रेजी अनुवाद से पैदा हुई है। उसके लिये आपको 'गॉड' से अच्छा शब्द नहीं मिला है। परन्तु 'गॉड' ईश्वर है, देवाधिदेव है, देवताओं का ईश्वर है। इस प्रकार आप देखेंगे कि विभिन्न दैवी प्राणियों का वर्णन करने के लिए 'गॉड' शब्द के प्रयोग ने ही यह गड़बड़ पैदा की है। मैं मानता हूं कि मैं पक्का हिन्दू हूं, परन्तु मैंने कभी अनेक ईश्वर नहीं माने। मैंने अपने बचपन में भी यह विश्वास नहीं रखा और किसी ने मुझे भी कभी ऐसा सिखाया भी नहीं।

मूर्तिपूजा

'रही बात मूर्तिपूजा की, तो किसी न किसी रूप में इसे माने बिना आपका काम नहीं चल सकता। एक मस्जिद की, जिसे एक मुसलमान खुदा का घर कहता है, रक्षा करने के लिए वह अपनी जान क्यों दे देता है? और एक ईसाई गिरजे में क्यों जाता है और जब उससे शपथ लेने की जरूरत होती है तब वह बाइबिल की शपथ क्यों लेता है? यह बात नहीं कि मुझे इसमें कोई आपत्ति है। और मस्जिद तथा मकबरे बनाने के लिए अपार धन का दान करना मूर्तिपूज़ा नहीं तो क्या है? और जब रोमन कैथोलिक लोग पत्थर से बनायी गयी या कपड़े अथवा कांच पर चित्रित की गयी कुमारी मेरी और संतों बिल्कुल काल्पनिक मूर्तियों या चित्रों के सामने घुटने टेकते हैं तब वे क्या करते हैं?'

कैथोलिक पादरी ने आपत्ति की, 'मैं अपनी माता का चित्र रखता हूँ और भक्तिभाव से उसका चुम्बन करता हूँ, लेकिन मैं न उसकी पूजा करता हूँ, न सन्तों की। जब मैं ईश्वर की पूजा करता हूँ, तब मैं उसे सृष्टा और किसी भी मानव-प्राणी से महान मानता हूँ।'

'ठीक इसी तरह हम पत्थर की पूजा नहीं करते, परन्तु पत्थर या धातु की मूर्ति में ईश्वर की पूजा करते हैं, भले ही व भद्दी हों।'

'परन्तु देहाती लोग पत्थरों को ईश्वर मानकर पूजते हैं।'

'नहीं, मैं आपसे कहता हूं कि वे ईश्वर से कम किसी चीज की पूजा नहीं करते। जब आप कुमारी मेरी के सामने घुटने टेकते हैं और अपने पक्ष में उनका हस्तक्षेप चाहते हैं तब आप क्या करते हैं? आप उनके द्वारा ईश्वर के साथ संबंध जोड़ना चाहते हैं। इसी तरह एक हिन्दू पत्थर की मूर्ति के द्वारा ईश्वर से संबंध जोड़ने की कोशिश करता है। कुमारी मेरी का हस्तक्षेप चाहने की आपकी बात को मैं समझ सकता हूं। जब मुसलमान किसी मस्जिद में प्रवेश करते हैं, तब उनके हृदय आदर और आनन्द से क्यों भर जाते हैं? क्या सारा विश्व ही मस्जिद नहीं है? आपके सिर पर आकाश का जो शानदार शामियाना फैला हुआ है उसे क्या कहेंगे? क्या वह मस्जिद से कम है? परंतु मैं मुसलमानों की बात समझता हूं और उनके साथ हमदर्दी रखता हूं। ईश्वर तक पहुंचने का यह उनका अपना तरीका है। उसी नित्य सत्ता तक पहुंचने का हिन्दुओं का अपना तरीका है। हमारे पहुंचने के तरीके अलग-अलग हैं, परंतु इससे ईश्वर अलग-अलग नहीं हो जाता।'

'परंतु कैथोलिकों का विश्वास है कि ईश्वर ने उनके लिए सत्य मार्ग प्रगट किया है।'

'परंतु आप यह क्यों कहते हैं कि ईश्वर की इच्छा बाइबिल नामक एक ही पुस्तक में प्रगट हुई है और दूसरी पुस्तकों में प्रगट नहीं हुई? आप ईश्वर की सत्ता को सीमित क्यों करते हैं?'

'परंतु ईसा ने चमत्कारों द्वारा सिद्ध कर दिया कि उन्हें ईश्वर का सन्देश प्राप्त हुआ था।'

'परंतु यही दावा मुहम्मद का भी है। अगर आप ईसाई प्रमाण को मानते हैं तो आपको मुस्लिम प्रमाण और हिन्दू प्रमाण को भी मानना होगा।'

'परंतु मुहम्मद ने तो यह कहा था कि मैं चमत्कार नहीं कर सकता।'

'नहीं। वे चमत्कारों द्वारा ईश्वर का अस्तित्व साबित नहीं करना चाहते थे। परन्तु उनका दावा था कि उन पर खुदा के पैगाम आते हैं।'

हरिजन, 13-3-'37

अवतार

ईश्वर कोई व्यक्ति नहीं है। यह कहना कि वह मनुष्य के रूप में समय समय पर पृथ्वी पर उतरता है आशिक सत्य है और उसका इतना ही अर्थ है कि इस प्रकार का मनुष्ध ईश्वर के निकट रहता है। चूंकि ईश्वर सर्वव्यापी है, इसलिए वह प्रत्येक मानव-प्राणी के भीतर निवास करता है और इसलिए सभी

को उसके अवतार कहा जा सकता है। परन्तु इससे हम किसी नतीजे पर नहीं पहुंचते। राम, कृष्ण आदि ईश्वर के अवतार इसलिए कहे जाते हैं कि हम उनमें दैवी गुणों का आरोपण करते हैं। वास्तव में वे मानव-कल्पना की सृष्टि हैं। वे सचमुच हुए हैं या नहीं, इससे मनुष्यों के दिमाग में उनके चित्र पर कोई असर नहीं पड़ता। ऐतिहासिक राम और कृष्ण अक्सर ऐसी कठिनाईयां उपस्थित करते हैं, जिनका तरह-तरह की दलीलों से निवारण करना पड़ता है।

सच तो यह है कि ईश्वर एक शक्ति है। वह जीवन का तत्त्व है। वह शुद्ध और दोषरहित ज्ञान है। वह शाश्वत है। फिर भी अचंभे की बात है कि सब उसके सर्वव्यापक और सजीव अस्तित्व से लाभ नहीं उठा पाते और न उसकी शरण में जा सकते हैं।

बिजली एक जबरदस्त शक्ति है। मगर सब उससे फायदा नहीं उठा सकते। वह कुछ नियमों का पालन करके ही पैदा की जा सकती है। वह एक निर्जीव शक्ति है। मनुष्य उसका उपयोग कर सकता है, अगर वह उसके नियमों का ज्ञान प्राप्त करने के लिए पर्यापत परिश्रम करे।

इसी प्रकार जिस चेतन शक्ति को हम ईश्वर कहते हैं उसका भी पता लग सकता है, यदि हम उसके नियमों को जानें और उनका पालन करें। तब पता लगेगा कि वह हमारे भीतर ही है।

हरिजन, 22-6-'47

हिन्दू धर्म अनन्त महासागर की भांति है, जिसमें अमूल्य रत्न भरे पड़े है। उसमें आप जितना गहरा गोता लगायेंगे, उतने ही ज्यादा रत्न आपको मिलेंगे। हिन्दू धर्म में ईश्वर अनेक नामों से जाना जाता है। बेशक, हजारों लोग राम और कृष्ण को ऐतिहासिक व्यक्ति मानते हैं और यह विश्वास करते हैं कि सचमुच ईश्वर दशरथ-पुत्र राम के रूप में सशरीर पृथ्वी पर आये और यह कि उनकी पूजा करने से मोक्ष प्राप्त होता है। यही बात कृष्ण के बारे में है। इतिहास, कल्पना और सत्य एक-दूसरे से इस तरह मिल गये हैं कि एक को दूसरे से अलग नहीं किया जा सकता। उन्हें अलग-अलग करना असंभव हो गया है। मैंने ईश्वर में आरोपित सब नामों और रूपों को एक रूपरहित सर्वव्यापक राम के प्रतीकों के तौर पर मान लिया है। इसलिए मेरी नजर में सीतापति दशरथ-पुत्र राम वह सर्व-शक्तिमान तत्त्व है, जिसका नाम हृदयांकित होकर मानसिक, नैतिक और शारीरिक सब प्रकार के कष्ट मिटा देता है।

हरिजन, 2-6-'46

25

मंदिर और मूर्तियां

मैं किसी मंदिर का होना पाप या अंधविश्वास नहीं मानता। किसी ने किसी रूप में सर्वसामान्य पूजा और सर्वसामान्य पूजा स्थान मनुष्य के लिए जरूरी है। मंदिरों में मूर्तियां हों या न हों, यह अपने-अपने स्वभाव और रुचि की बात है। मूर्तियां होने के कारण मैं किसी हिन्दू या रोमन कैथोलिक पूजा स्थान को बुरा या अंधविश्वासपूर्ण नहीं मानता और न यही मानता हूं कि मूर्तियां न होने से कोई मस्जिद या प्रोटेस्टेंट गिरजा अच्छा या अंधविश्वास मुक्त है। सूली (क्रॉस) या पुस्तक जैसा प्रतीक आसानी से मूर्तिपूजा का विषय बन सकता है और इसलिए अंधविश्वास का निमित्त हो सकता है। और बालकृष्ण या कुमारी मेरी की मूर्ति की पूजा ऊंचा उठानेवाली और सर्वथा अंधविश्वास-रहित हो सकती है। इसका आधार पूजा करने वाले के हृदय की वृत्ति पर है।

यंग इंडिया, 5-11-'25

हम मानव-परिवार के सभी लोग तत्त्ववेत्ता नहीं हैं। हम दुनिया के सामान्य जीव हैं और हमें अदृश्य ईश्वर का ध्यान करने से संतोष नहीं होता। कारण कुछ भी हो, हमें ऐसी कोई चीज चाहिये जिसे हम छू सकें, जिसे हम देख सकें, जिस हम प्रणाम कर सकें और अपना भक्तिभाव अर्पित कर सकें। इस बात का कोई महत्त्व नहीं कि वह वस्तु कोई ग्रंथ है या कोई पत्थर की खाली इमारत है या अनेक मूर्तियों वाली कोई पत्थर की इमारत है। किसी को पुस्तक से संतोष हो जाएगा, किसी को खाली इमारत से हो जाएगा और बहुतों को तब तक संतोष नहीं होगा जब तक वे इन खाली इमारतों में रहने वाली कोई चीज नहीं देखेंगे। इसलिए मैं

कहता हूं कि आप इन मंदिरों के लिए यह न समझिये कि वे अंधविश्वास के प्रतीक हैं। अगर आप इन मंदिरों में श्रद्धा लेकर जायें तो आपको पता लगेगा कि आप जब-जब वहां जायेंगे, तब तब आप वहां से शुद्ध होकर और चेतन ईश्वर में अधिक श्रद्धा लेकर लौटेंगे।

हरिजन, 23-1-'37

मंदिर जाना आत्मा की शुद्धि के लिए है। पूजा करने वाला पूजा करने में अपने उत्तम गुणों को बाहर लाता है। किसी सजीव व्यक्ति को प्रणाम किया जाए और प्रणाम निःस्वार्थ हो, तो प्रणाम करने वाला जिसे प्रणाम किया गया है उसके उत्तम गुणों को खींच सकता है और ग्रहण कर सकता है। सभी सजीव व्यक्ति हमारी ही तरह भूल करने वाले हो सकते हैं। परंतु मंदिर में हम ऐसे चेतन ईश्वर की पूजा करते हैं जिसकी पूर्णता कल्पना से परे है। सजीव व्यक्तियों को लिखे पत्रों का उत्तर मिलने पर भी अक्सर वे अन्त में हृदय-विदारक सिद्ध होते हैं और यह भी निश्चय नहीं कि उनका जवाब हमेशा मिलेगा ही। ईश्वर के नाम लिखे गये पत्रों में, जो भक्त की कल्पना के अनुसार मंदिरों में रहता है, न दवात-कलम की जरूरत होती है, न कागज की। वाणी की भी आवश्यकता नहीं। मूक पूजा ही पत्र बन जाती है और उसका उत्तर मिले बिना नहीं रहता। सारी क्रिया श्रद्धा का एक सुन्दर व्यायाम है। इसमें कोई प्रयत्न व्यर्थ नहीं जाता, दिल के टूटने का कोई सवाल नहीं रहता और गलतफहमी होने का कोई खतरा नहीं होता। पत्र लेखक को मंदिर, मस्जिद या गिरजे में पूजा करने के पीछे जो सरल तत्त्वज्ञान है उसे समझने की कोशिश करनी चाहिये। अगर वह यह समझ लेगा कि मैं ईश्वर के इन भिन्न-भिन्न निवास्थानों में कोई भेद नहीं करता, तो मेरी बात उसकी समझ में ज्यादा अच्छी तरह आ जाएगी। वे स्थान तो मनुष्य की श्रद्धा ने खड़े किये है। वे अदृश्य शक्ति तक किसी न किसी तरह पहुंचने की मानव की लालसा के परिणाम है।

हरिजन, 18-3-'33

मेरे ख़्याल से मूर्तिपूजक और मूर्तिभंजक शब्दों का जो सच्चा अर्थ है उस अर्थ में मैं दोनों ही हूं। मैं मूर्तिपूजा की भावना की कद्र करता हूं। इसका मानव-जाति के उत्थान में अत्यन्त महत्त्वपूर्ण भाग रहता है और मैं चाहूंगा कि मुझमें हमारे देश को पवित्र करने वाले हजारों पावन देवालयों की रक्षा अपने

प्राणों की बाजी लगाकर भी करने का सामर्थ्य हो।

यंग इंडिया, 2-8-'24

मैं मूर्तिभंजक इस अर्थ में हूँ कि कट्टरता के रूप में मूर्तिपूजा का जो सूक्ष्म रूप प्रचलित है उसे मैं तोड़ता हूँ। ऐसी कट्टरता रखने वाले को अपने ही ढंग के सिवा और किसी भी रूप में ईश्वर की पूजा करने में कोई अच्छाई नजर नहीं आती। मूर्तिपूजा का यह रूप अधिक सूक्ष्म होने के कारण पूजा के उस ठोस और स्थूल रूप से अधिक घातक है, जिसमें ईश्वर को पत्थर के एक छोटे से टुकड़े के साथ या सोने की मूर्ति के साथ एक समझ लिया जाता है।

यंग इंडिया, 2-8-'24

मंदिरों, गिरजाघरों और मस्जिदों में बहुधा भ्रष्टाचार के और उससे भी अधिक ह्रास के चिह्न दिखाई देते हैं। फिर भी यह साबित करना असंभव होगा कि सभी पुजारी बुरे हैं या बुरे रहे हैं और सभी गिरजाघर, मंदिर और मस्जिद भ्रष्टाचार और अंधविश्वास के अड्डे हैं। इस दलील में इस बुनियादी बात का भी ध्यान नहीं रखा जाता कि किसी भी धर्म का किसी धाम के बिना काम नहीं चला; और मैं तो यहां तक कहूंगा कि जब तक मनुष्य की रचना आज के जैसी बनी रहेगी, तब तक स्वभावतः कोई धर्म किसी धाम के बिना रह ही नहीं सकता। मनुष्य के शरीर को भी देव-मंदिर कहा गया है और ठीक ही कहा गया है, यद्यपि ऐसे असंख्य मंदिर इस बात को झूठ साबित करते हैं; वे भ्रष्टाचार के ऐसे अड्डे है जिन्हें दुराचरण के लिए काम में लिया जाता है। चूंकि इन शरीरों में से बहुत से भ्रष्ट है, इसलिए सारे शरीर नष्ट कर दिये जाने चाहिये- इस दलील के खिलाफ इस जवाब को, मैं समझता हूं, पर्याप्त मान लिया ज़ाएगा कि इनमें से कुछ शरीर सचमुच ईश्वर के निवास स्थान भी हैं। बहुत से शरीरों की भ्रष्टता का कारण और कहीं ढूंढ़ना पड़ेगा। ईंट-पत्थर के मंदिर इन मानव-मंदिरों का ही स्वाभाविक विस्तार हैं और यद्यपि कल्पना यही की गई थी कि मानव-मंदिरों की तरह ये भी ईश्वर के निवास स्थान हों, फिर भी ह्रास के नियम दोनों पर ही एक से काम करते रहे हैं।

हरिजन, 11-3-'33

मुझे ऐसा कोई धर्म या संप्रदाय मालूम नहीं है जिसका अपने देवालय के बिना काम चला हो या चल रहा है, चाहे उसे मंदिर के नाम से पुकारा जाए

चाहे मस्जिद, गिरजे या अगियारी के नाम से पुकारा जाए। यह भी निश्चित नहीं है कि ईसा आदि महान सुधारकों में से किसी ने मंदिरों को बिल्कुल नष्ट ही कर दिया हो या अस्वीकार किया हो। उन सबने समाज की तरह देवालयों में से भी भ्रष्टाचार को दूर करने की कोशिश की। उनमें से सबने नहीं तो कुछ ने जरूर मंदिरों में उपदेश दिया मालूम होता है। मैंने वर्षों से मंदिर जाना छोड़ दिया है, परंतु उससे मैं यह नहीं सझता कि मैं पहले की अपेक्षा अच्छा आदमी बन गया हूं। मंदिर जाने की स्थिति होती तब मेरी मां कभी मंदिर जाना चूकती नहीं थी। मैं मंदिर नहीं जाता, फिर भी शायद मां की श्रद्धा मुझसे कहीं अधिक थी। ऐसे लाखों लोग हैं, जिनकी श्रद्धा इन मंदिरों, गिरजाघरों और मस्जिदों के द्वारा बनी रहती है। वे सब न तो अंधविश्वास के अनुयायी हैं और न कट्टरपंथी है। अंधविश्वास और कट्टरता का ठेका उन्हीं ने नहीं ले रखा है। इन बुराईयों की जड़ हमारे दिलों और दिमागों में हैं।

हरिजन, 11-3-'33

26

वृक्षपूजा

एक भाई लिखते हैं:

"इस देश में स्त्री-पुरुषों का और पूजाओं के साथ पत्थरों और पेड़ों की पूजा करते दिखाई देना एक सामान्य बात है। परन्तु यह देखकर मुझे आश्चर्य हुआ कि उत्साही सामाजिक कार्यकर्ताओं के घरों की शिक्षित महिलायें भी इस रिवाज से दूर नहीं है। इन बहनों और भाईयों में से कुछ इस प्रथा का यह कहकर समर्थन करते हैं कि उसका आधार प्रकृति में निवास करने वाले ईश्वर के प्रति शुद्ध पूजा भाव है न कि कोई झूठा विश्वास; इसलिए इसे अंधविश्वास की श्रेणी में नहीं गिना जा सकता और वे इस सिलसिले में सत्यवान और सावित्री के नाम लेते हैं और कहते हैं कि इस रिवाज़ का पालन करके वे उनका स्मरण करते है। मुझे यह दलील जंचती नहीं। क्या आप इस मामले पर कुछ प्रकाश डालने की कृपा करेंगे?"

मुझे यह प्रश्न अच्छा लगा है। इसमें मूर्तिपूजा का बहुत पुराना सवाल उठाया गया है। मैं मूर्तिपूजा का समर्थक और विरोधी दोनों हूं। जब मूर्तिपूजा बिगड़ कर पत्थर-पूजा हो जाती है और उस पर झूठे विश्वासों और सिद्धांतों को काई चढ़ जाती है, तब उसे घोर सामाजिक बुराई समझकर उसके साथ लड़ना जरूरी हो जाता है। दूसरी ओर, अपने आदर्श को कोई ठोस रूप देने के अर्थ में मूर्तिपूजा मानव-स्वभाव का अभिन्न अंग रही है और भक्ति के लिए वह एक मूल्यवान सहायता भी है। जब हम किसी पुस्तक को पवित्र समझकर उसका आदर करते हैं, तो हम मूर्ति की पूजा ही करते हैं। पवित्रता या पूजा के भाव से मंदिरों या मस्जिदों में जाने का भी वही अर्थ है। लेकिन इन सब बातों में मुझे कोई हानि दिखाई नहीं देती। उल्टे, मनुष्य की बुद्धि सीमित है,

इसलिए वह और कर ही क्या सकता है? ऐसी हालत में वृक्षपूजा में कोई मौलिक बुराई या हानि दिखाई देने के बजाय मुझे तो इसमें एक गहरी भावना और काव्यमय सौन्दर्य ही दिखाई देता है। वह समस्त वनस्पति-जगत के लिए सच्चे पूजाभाव का प्रतीक है। वनस्पति-जगत तो सुन्दर रूपों और आकृतियों का अनन्त भण्डार है; उनके द्वारा वह मानो असंख्य जिह्वाओं से ईश्वर की महानता और गौरव की घोषणा करता है। वनस्पति के बिना इस पृथ्वी पर जीवधारी एक क्षण के लिए भी नहीं रह सवःते। इसलिए ऐसे देश में, जहां खास तौर पर पेड़ों की कमी है, वृक्षपूजा का एक गहरा आर्थिक महत्त्व हो जाता है।

इस कारण मुझे वृक्षपूजा के विरुद्ध कोई धर्मयुद्ध छेड़ने की जरूरत नहीं दिखाई देती। यह सच है कि जो गरीब और सीधी-सादी स्त्रियां वृक्षों की पूजा करती हैं, वे अपने कार्य के गूढ़ार्थों को बुद्धिपूर्वक नहीं समझतीं। अगर उनसे पूछा जाए कि वे यह पूजा क्यों करती हैं, तो बहुत संभव है कि इसका कोई उत्तर न दे सकें। वे शुद्ध और अत्यन्त सरल श्रद्धा से यह काम करती हैं। इस प्रकार की श्रद्धा तिरस्कार की वस्तु नहीं हैं; वह एक महान और जबरदस्त ताकत है, जिसका हमें संचय करना चाहिये।

किन्तु उन व्रतों और प्रार्थनाओं की, जो भक्त लोग वृक्षों के आगे करते हैं, बात बिल्कुल अलग है। स्वार्थ सिद्धि के लिए जो व्रत और प्रार्थनाएं की जाती हैं वे चाहे गिरजाघरों, मस्जिदों और मंदिरों में की जाएं या वृक्षों और देवालयों के सामने की जाएं, ऐसी चीज हैं जिन्हें प्रोत्साहन नहीं देना चाहिये। स्वार्थपूर्ण प्रार्थनाएं करने या व्रत लेने का मूर्तिपूजा के साथ कार्य-कारण जैसा संबंध नहीं है। व्यक्तिगत स्वार्थपूर्ण प्रार्थना बुरी ही है, चाहे वह किसी मूर्ति के सामने की जाए या अदृश्य ईश्वर के सामने।

परंतु उससे कोई यह न समझें कि मैं आम-तौर पर वृक्षपूजा का पक्षपाती हूँ। मैं वृक्षपूजा का समर्थना इसलिए नहीं करता कि मैं उसे भक्ति का कोई आवश्यक साधन समझता हूँ। मैं तो सिर्फ इतना ही मानता हू कि ईश्वर इस विश्व में असंख्य रूपों में प्रगट होता है। ऐसे हर एक स्वरूप के सामने मेरा सिर अपने आप झुक जाता है।

यंग इंडिया, 26-9-'20

27

बुद्धि और श्रद्धा

अनुभव ने मुझे इतना नम्र बना दिया है कि मैं बुद्धि की विशेष मर्यादाऐं समझने लगा हूं। जैसे गलत जगह पर रखे हुए पदार्थ कचरा बन जाते हैं, ठीक वैसे ही बुद्धि का दुरुपयोग किया जाए तो वह पागलपन बन जाती है।

यंग इंडिया, 14-10-'26

बुद्धिवादी लोग बड़े अच्छे होते हैं। लेकिन बुद्धिवाद जब अपने लिए सर्व-शक्तिमान होने का दावा करता है, तब वह कुरूप राक्षस हो जाता है। बुद्धि को सर्व-शक्तिमान मानना उतनी ही बुरी मूर्तिपूजा है, जितनी किसी वृक्ष या पत्थर को ईश्वर मानकर उसकी पूजा करना। मैं बुद्धि के दमन का समर्थन नहीं करता, परन्तु मैं हमारे भीतर की उस वस्तु को, जो बुद्धि को पवित्र बनाती है, उचित मान्यता दिलवाना चाहता हूँ।

यंग इंडिया, 24-10-'26

ऐसे विषय भी हैं जिनमें बुद्धि हमें दूर तक नही ले जा सकती और हमें श्रद्धा से ही कुछ वस्तुओं को स्वीकार करना पड़ता है। उस समय श्रद्धा बुद्धि का खंडन नहीं करती, परन्तु उसका अतिक्रमण करती है। श्रद्धा एक तरह की छठी इंन्द्रिय है, जो उन मामलों में काम देती है जो बुद्धि के क्षेत्र से बाहर हैं।

हरिजन, 6-6-'37

श्रद्धां ही हमें तूफानी समुद्रों से पार ले जाती है, श्रद्धा ही पर्वतों को हिला देती है और श्रद्धा ही महासागर पार करा देती है। यह श्रद्धा और कुछ नहीं, केवल अन्तर्यामी प्रभुं की सजीव, जाग्रत भान ही है। जिसे यह श्रद्धा प्राप्त हो गई उसे और कुछ नहीं चाहिये। शरीर से रोगी होकर भी वह आध्यात्मिक दृष्टि से निरोग है; भौतिक दृष्टि से चाहे वह निर्धन हो, पर उसके पैरों में आध्यात्मिक् दौलत लोटती है।

यंग इंडिया, 24-9-'25

श्रद्धा के बिना यह संसार क्षणभर में नष्ट हो जाएगा। जिन लोगों के बारे में हमें विश्वास है कि उन्होंने प्रार्थना और प्रायश्चित्त से पुनीत बना हुआ जीवन व्यतीत किया है, उनके युक्तियुक्त अनुभव को स्वीकार कर लिया जाए, यही सच्ची श्रद्धा है। इसलिए जो पैगम्बर या अवतार प्राचीन काल में हो गये हैं, उनमें विश्वास रखना कोई व्यर्थ का अंधविश्वास नहीं, परंतु एक आन्तरिक आध्यात्मिक आवश्यकता की पूर्ति है।

यंग इंडिया, 14-4-'27

यद्यपि सबको इसका ज्ञान नहीं, फिर भी ईश्वर में श्रद्धा सभी को है। कारण, सभी को अपने में विश्वास है और वही अनन्त गुना होने पर ईश्वर बन जाता है। जगत में दिखाई देने वाला सारा जीवन ही ईश्वर है। हम ईश्वर न हों तो भी ईश्वर के तो हैं ही, जैसे पानी की छोटी-सी बूंद महासागर की होती है। कल्पना कीजिये कि वह समुद्र से अलग करके लाखों मील दूर फेंक दी जाती है। तब वह अपने स्थान से विच्छिन्न होकर निःसहाय बन जाती है और महासागर की ताकत और शान को महसूस नहीं कर सकती। परन्तु कोई उसे यह बता दे कि वह महासागर का अंग है, तो उसकी श्रद्धा पुनर्जीवित हो जाएगी, वह खुशी के मारे नाचने लगेगी और महासगर की सारी ताकत और शान उसमें प्रतिबिम्बित होगी।

हरिजन, 3-6-'39

ईश्वर के साक्षात्कार का अर्थ यह अनुभव करना है कि वह हमारे हृदयों में विराजमान है, जैसे बच्चे को किसी प्रत्यक्ष प्रमाण की आवश्यकता के बिना ही अपनी माता का स्नेह अनुभव होता है। क्या बालक मां के प्रेम का अस्तित्व तर्क से सिद्ध करता है? क्या वह उसे दूसरों के लिए साबित कर सकता है? वह विजय के गर्व के साथ कहता है: ''वह तो है ही।' यही बात ईश्वर के अस्तित्व के बारे में होनी चाहिये। वहां बुद्धि का गुजर नहीं है। परन्तु वह अनुभव से जाना जाता है। जैसे हम सांसरिक गुरुओं के अनुभव को अस्वीकार नहीं करते, वैसे ही हमें तुलसीदास, चैतन्य, रामदास और अनेक आध्यात्मिक गुरुओं के अनुभव को भी अस्वीकार नहीं करना चाहिये।

यंग इंडिया, 9-7-'25

28

धर्मग्रंथ

श्री बेसिल मैथ्यूज: धर्म का प्रमाण आप किसमें मानते हैं?

गांधी जी: (छाती पर हाथ रखकर) वह यहां है। मैं गीता-सहित प्रत्येक धर्मग्रंथ के बारे में अपने विवेक से काम लेता हूं। मैं धर्मशास्त्र के किसी भी वचन को अपनी बुद्धि की उपेक्षा नहीं करने दे सकता। मेरा यह विश्वास तो है कि मुख्य धर्म-पुस्तकें ईश्वर-प्रेरित हैं, लेकिन उनमें दोहरी छनाई का दोष भी है। पहले तो वे किसी मानव सन्देश-वाहक के द्वारा आती हैं और फिर उन पर टीकाएं लिखी जाती है। उनमें से कोई भी बात ईश्वर से सीधी नहीं आती। एक ही वचन का मैथ्यू एक अर्थ करेगा तो जॉन दूसरा करेगा। ईश्वरीय प्रेरणा को स्वीकार करते हुए भी मैं अपने विवेक को तिलांजलि नहीं दे सकता और सबसे बड़ी बात यह है कि 'शब्द जीवन का नाश करते हैं, जब कि उनके पीछे रहा हुआ अर्थ और भावना जीवन देती है।' परन्तु आपको मेरी स्थिति के बारे में गलतफहमी हरगिज न होनी चाहिये। मैं श्रद्धा को भी मानता हूँ; ऐसी चीजों में जहाँ बुद्धि को कोई स्थान नहीं होता,- जैसे ईश्वर का अस्तित्व- उस श्रद्धा से मुझे कोई दलील नहीं हटा सकती और उस छोटी लड़की की तरह जो सब दलीलों के बावजूद यही कहती रही कि 'हम सात है', मैं भी आपने से श्रेष्ठ बुद्धिशाली के तर्क से हारकर भी बार-बार यह कहूंगा कि 'तब भी ईश्वर है।'

हरिजन, 5-12-'36

ईश्वरीय ज्ञान पुस्तकों से उधार नहीं लिया जाता। उसे अपने ही भीतर अनुभव करना पड़ता है। अधिक से अधिक पुस्तकों से मदद मिल जाती है; अकसर वे रुकावट ही होती है।

यंग इंडिया, 17-7-'24

बार-बार प्रचार करने से कोई भूल सत्य नहीं बन जाती और न सत्य इसलिए भूल बन जाता है कि इसे कोई देखता नहीं।

यंग इंडिया, 26-2-'25

कोई भी शास्त्र-प्रमाण हो, यदि वह सम्यक बुद्धि या हृदय के आदेश के विरुद्ध है तो मैं उसे अस्वीकार कर दूंगा। शास्त्र-प्रमाण जब बुद्धि द्वारा समर्थन प्राप्त करता है, तब वह दुर्बलों का सहारा और उत्थानकर्ता होता है। परन्तु जब वह अन्त:करण की आवाज से समर्थित बुद्धि का स्थान ले लेता है तब उनका पतन करता है।

यंग इंडिया, 8-12-'20

मैं लकीर का फकीर नहीं हूँ। इसलिए संसार के विभिन्न धर्मग्रंथों के शब्दों के पीछे रहे आशय को समझने की कोशिश करता हूँ। अर्थ करने में मैं उन्हीं ग्रंथों की बताई हुई सत्य और अहिंसा की कसौटी से काम लेता हूं। जो चीज इस कसौटी पर ठीक नहीं उतरती उसे अस्वीकार कर देता हूं और जो ठीक उतरती है उसे अपना लेता हूं। रामचन्द्र ने एक शूद्र को वेद पढ़ने पर दण्ड दिया, इस कहानी को मैं क्षेपक मानकर अस्वीकार करता हूँ। कुछ भी हो, मैं राम की पूजा अपनी कल्पना के पूर्ण पुरुष के रूप में करता हूँ, न कि उनको ऐतिहासिक व्यक्ति मानकर; क्योंकि नई-नई ऐतिहासिक खोजों और अनुसंधानों की प्रगति के साथ उनके जीवन-संबंधी तथ्य बदलते रह सकते हैं। ऐतिहासिक राम से तुलसीदास का कोई वास्ता नहीं था। ऐतिहासिक कसौटी पर कसकर देखें तो उनकी रामायण रद्दी की टोकरी में फेंकने लायक होगी। आध्यात्मिक अनुभव के रूप में उनकी पुस्तक कम से कम मेरे नजदीक तो लगभग अद्वितीय है और फिर तुलसीकृत रामायण के इतने जो संस्करण प्रकाशित हुए हैं, उनका अक्षर अक्षर सत्य है यह भी मैं नहीं मानता। इस ग्रंथ में शुरू से आखिर तक जो भावना है वह मुझे मंत्रमुग्ध कर देती है।

यंग इंडिया, 27-8-'25

महाभारत के कृष्ण सचमुच कभी हुए थे, इसकी मुझे कोई जानकारी नहीं है। मेरे कृष्ण का किसी ऐतिहासिक व्यक्ति से कोई वास्ता नहीं। मैं ऐसे कृष्ण के सामने अपना सिर नहीं झुकाऊंगा, जो अपने अहंकार को चोट पहुंचने पर

किसी को मार डाले या जिसे गैर-हिन्दू लोग दुराचारी युवक बताते हैं। मैं अपने कल्पना के उस कृष्ण को मानता हूँ, जो पूर्ण अवतार है, प्रत्येक अर्थ में निष्कलंक है, गीता का प्रेरक है और लाखों मानव-प्राणियों के जीवन को प्रेरणा देता हैं। परन्तु यदि मुझे यह साबित कर दिया जाए कि महाभारत उसी अर्थ में इतिहास है जिसमें आजकल की इतिहास की पुस्तकें हैं, महाभारत का प्रत्येक शब्द सही है और महाभारत के कृष्ण के साथ जिन कृत्यों का संबंध बताया जाता है उनमें से कुछ तो उसने सचमुच किये थे, तो हिन्दू धर्म से निकाल दिये जाने का खतरा उठाकर भी मैं उस कृष्ण को ईश्वर का अवतार मानने से इनकार करने में संकोच नहीं करूंगा। परन्तु मेरे लिए महाभारत एक गहन धार्मिक ग्रंथ है, जो बहुत कुछ रूप के प्रकार का है और ऐतिहासिक लेख की तरह नहीं लिखा गया था। वह हमारे भीतर सतत चलने वाले द्वंद्व का वर्णन है और व इतने सजीव ढंग से किया गया है कि हम थोड़ी देर के लिए यह समझने लगते हैं कि उसमें जिन कार्यों का वर्णन किया गया है, वे सचमुच मानव-प्राणियों द्वारा किये गये हैं। मैं यह भी नहीं समझता कि जो महाभारत आजकल हमें मिलता है वह मूल पुस्तक की निर्दोष प्रतिलिपि है। इसके विपरीत मेरा ख़्याल है कि उसमें अनेक परिवर्तन हुए हैं।

यंग इंडिया, 1-10-'25

धर्मग्रंथों का सही अर्थ समझने के लिए भक्तिपूर्ण अध्ययन और अनुभव अत्यन्त आवश्यक है। यह आदेश कि शूद्र धर्मशास्त्रों का अध्ययन न करे बिल्कुल निरर्थक नहीं है। शूद्र का अर्थ आध्यात्मिक दृष्टि से असंस्कृत और अज्ञान मनुष्य है। बहुत संभव है कि वह वेदों और दूसरे धर्मशास्त्रों का गलत अर्थ लगाये। हर एक आदमी बीजगणित के सवाल नहीं कर सकता। पहले कुछ अध्ययन करना अनिवार्य है। पाप में डूबे हुए मनुष्य के मुख से 'अहं ब्रह्मास्मि' का महान सत्य कितना बुरा लगेगा! वह इसका उपयोग कितने नीच कार्यों के लिए करेगा! उसके हाथों इसकी कैसी विकृति होगी!

इसलिए जो आदमी धर्मशास्त्रों का अर्थ करे, उसमें आध्यात्मिक अनुशासन होनी ही चाहिये। उसे यम-नियम आदि आचरण के शाश्वत सिद्धान्तों का पालन अवश्य करना चाहिये। इन नियमों का ऊपरी अभ्यास बिल्कुल व्यर्थ होता है। शास्त्रों ने गुरु की आवश्यकता पर जोर दिया है। परंतु चूंकि आजकल गुरु दुर्लभ होते हैं इसलिए ऋषियों ने भक्ति सिखाने वाली आधुनिक

पुस्तकों का अध्ययन सुझाया है। जिनमें भक्ति नहीं है, श्रद्धा का अभाव है, वे धर्मशास्त्रों का अर्थ करने के अयोग्य है। पंडित लोग उनमें से लम्बे-चौड़े विद्वत्तापूर्ण अर्थ निकाल सकते हैं। परंतु वह सच्चा अर्थ नहीं होगा। धर्मशास्त्रों का सच्चा अर्थ अनुभवी लोग ही कर सकेगे।

परंतु अनुभवहीन लोगों के लिए भी कुछ नियम है। जो अर्थ सत्य के विपरीत हो, वह सही नहीं होता। जो सत्य पर भी शंका करता है, उसके लिए धर्मशास्त्रों का कोई अर्थ नहीं है। उससे कोई बहस नहीं कर सकता।

यंग इंडिया, 12-1-'15

29

गीता का संदेश

1. सन् 1888-89 में भी जब मेरा गीता से प्रथम परिचय हुआ, मुझे लगा कि वह कोई ऐतिहासिक ग्रंथ नहीं है, परंतु भौतिक युद्ध के बहाने उसमें उस द्वन्द्व का वर्णन किया गया है जो मानव-जाति के हृदय में सतत होता रहता है। और भौतिक युद्ध केवल इसलिए खड़ा किया गया है कि भीतरी द्वन्द्व का वर्णन अधिक आकर्षक हो जाए। यह आरंभिक स्फुरण धर्म और गीता के अधिक गहरे अध्ययन से और भी पक्की हो गई। महाभारत के अध्ययन से उसकी और अधिक पुष्टि हुई।। महाभारत को माने हुए अर्थ में मैं कोई ऐतिहासिक ग्रंथ नहीं मानता। आदिपर्व में मेरे मत के समर्थन में सबल प्रमाण मिल जाता है। प्रधान पात्रों की अमानुषी और अतिमानुषी उत्पत्ति बताकर व्यास भगवान ने राजा-प्रजा के इतिहास का काम खत्म कर दिया है। उसमें वर्णित व्यक्ति ऐतिहासिक हो सकते हैं, परन्तु महाभारतकार ने उनका उपयोग अपने धार्मिक विषय को समझाने के लिए ही किया है।

2. महाभारतकार ने भौतिक युद्ध की आवश्यकता को सिद्ध नहीं किया है; इसके विपरीत उसने उसकी व्यर्थता को प्रमाणित किया है। उसने विजेताओं को शोक और पश्चात्ताप से रुलाया है और उनके लिए दु:खों के सिवा और कुछ नहीं छोड़ा है।

3. इस महान रचना में गीता मुकुट के समान है। उसके दूसरे अध्याय में भौतिक युद्ध के नियम सिखाने के बजाय स्थितप्रज्ञ के लक्षण बताये गये हैं। गीता के स्थितप्रज्ञ के लक्षणों में मुझे तो भौतिक युद्ध से मेल खाने वाली कोई बात दिखाई नहीं देती। सारी रचना ऐसी है कि युद्ध करने वाले दलों के लिए लागू होने वाले आचरण के नियमों का उससे कोई मेल नहीं बैठता।

4. गीता के कृष्ण पूर्णता और सम्यक् ज्ञान की मूर्ति हैं; परंतु वह चित्र काल्पनिक है। इसका यह अर्थ नहीं है कि प्रजा का प्यारा कृष्ण कभी हुआ ही नहीं। परंतु उसकी पूर्णता काल्पनिक है। संपूर्ण अवतार का विचार बाद में बना है।

5. हिन्दू धर्म में अवतार उस आदमी को माना गया है, जिसने मानव जाति की कोई असाधारण सेवा की हो। वास्तव में सभी शरीरधारी प्राणी ईश्वर के अवतार है। परंतु प्रत्येक प्राणी को आम-तौर पर अवतार नहीं माना जाता। जिसने अपने समय में अपने आचरण द्वारा असाधारण धार्मिकता दिखाई हो, उसे आगे आने वाली पीढ़ियां अवतार मानकर अपनी श्रद्धांजलि अर्पित करती है। इसमें मुझे कोई बुराई नजर नहीं आती; इसमें ईश्वर की महानता कम नहीं होती और सत्य की भी कोई हानि नहीं होती। उर्दू में एक कहावत है- 'आदम खुदा नहीं, लेकिन खुदा के नूर से आदम जुदा नहीं।' और इसलिए जिसका आचरण सबसे अधिक धार्मिक रहा हो, उसमें वह नूर सबसे अधिक होता है। इसी विचारधारा के अनुसार कृष्ण को हिन्दू धर्म में संपूर्ण अवतार का पद प्राप्त है।

6. अवतारों में यह विश्वास मनुष्य की ऊंची आध्यातिमक महत्त्वाकांक्षा का प्रमाण है। मनुष्य जब तक ईश्वर के समान नहीं बन जाता, तब तक उसे भीतरी शांति नहीं मिलती। इस स्थिति को पहुंचने का प्रयत्न ही सर्वोपरि और एकमात्र इष्ट महत्त्वकांक्षा है। और यही आत्म-साक्षात्कार है। तमाम धर्मग्रंथों की तरह गीता का विषय भी यही आत्म-साक्षात्कार है। परंतु गीताकार ने इस सिद्धान्त की स्थापना के लिए उसे नहीं लिखा है। गीता का उद्देश्य मुझे आत्मार्थी को आत्म-साक्षात्कार करने का श्रेष्ठ मार्ग बताना मालूम होता है। जो वस्तु थोड़ी या बहुत स्पष्टता के साथ हिन्दू धर्मग्रंथों में इधर-उधर बिखरी हुई पाई जाती है, उसे गीता ने पुनरुक्ति का खतरा उठाकर भी अधिक से अधि क साफ भाषा में स्थापित किया है।

7. वह अद्वितीय उपाय कर्म के फल का त्याग है।

8. इसी मध्यबिन्दु के चारों ओर गीता की रचना हुई है। यह त्याग केन्द्रीय सूर्य है और उसके चारों ओर भक्ति, ज्ञान आदि ग्रह्में की तरह घूमते है। इस शरीर को कारागार की उपमा दी गयी है। जहां शरीर है वहां कर्म अवश्य है। किसी भी शरीर धारी को कर्म से मुक्त नहीं किया गया है। फिर भी सारे धर्म यह घोषणा करते हैं कि मनुष्य अपने शरीर को देव-मंदिर समझे और मदनुसार

आचरण करे तो मुक्ति प्राप्त कर सकता है। प्रत्येक कर्म, चाहे कितना ही तुच्छ हो, दूषित होता है। तब शरीर को देव-मंदिर कैसे बनाया जा सकता है, दूसरे शब्दों में मनुष्य कर्म के बंधन से अर्थात पाप के दोष से मुक्त कैसे हो सकता है? गीता ने इस प्रश्न का उत्तर निश्चित भाषा में दिया है: "निष्काम कर्म से; कर्मफल का त्याग करके; सब कर्मों को ईश्वरार्पण करने से अर्थात अपने आपको शरीर और आत्मा के साथ ईश्वर को अर्पण कर देने से।"

9. परंतु निष्कामता या त्याग सिर्फ उसकी बात करने से नहीं आता। वह बुद्धिबल से प्राप्त नहीं होता। वह सतत हृदय-मंथन से ही सिद्ध हो सकता है। त्याग की प्राप्ति के लिए सम्यक् ज्ञान जरूरी है। विद्वान लोगों के पास एक तरह का ज्ञान होता है। उन्हें वेद कण्ठस्थ हो सकते हैं, फिर भी वे भोग विलास में डूबे रह सकते हैं। ज्ञान शुष्क पाण्डित्य का रूप न ले ले, इसके लिए गीताकार ने आग्रह किया है कि ज्ञान के साथ भक्ति होनी चाहिये और उसे प्रथम स्थान दिया है। भक्ति के बिना ज्ञान व्यर्थ है। इसलिए गीता कहती है: 'भक्ति होगी तो ज्ञान अपने आप आ जाएगा।' यह भक्ति शाब्दिक पूजामात्र नहीं है, यह तो 'सिर का सौदा' है। इसीलिए गीताकार ने भक्त के लक्षण स्थितप्रज्ञ जैसे ही बताये है।

10. इस प्रकार गीता में जिस भक्ति की अपेक्षा रखी गयी है, वह कोई कोमल हृदय का उच्छ्वास नहीं है। अन्ध श्रद्धा तो वह है ही नहीं। गीता की भक्ति का बाह्याचार से कम से कम संबंध है। भक्त चाहे तो माला, तिलक और अर्ध्यादिका उपयोग कर सकता है, परंतु ये वस्तुएं उसकी भक्ति की कसौटी नहीं है। भक्त वह है जो किसी से ईर्ष्या नहीं रखता, और दया का भंडार है, जो अहंकार से रहित है, जो निःस्वार्थ है, जो गर्मी-सर्दी और सुख-दु:ख को समान समझता है, जो सदा क्षमाशील है, जो सदा संतुष्ट रहता है, जिसके निश्चय दृढ़ होते हैं, जिसने मन और आत्मा को ईश्वर के अर्पण कर दिया है, जो न दूसरों को डराता है, न दूसरों से डरता है, जो हर्ष, शोक और भय से मुक्त है, जो शुद्ध है, जो कर्म में कुशल है फिर भी उससे प्रभावित नहीं होता, जो शुभाशुभ सभी कर्मफलों का त्याग करता है, जो शत्रु-मित्र सबको समान समझता है, जो मान-अपमान से अछूता है, जो प्रशंसा से फूल नहीं जाता और निन्दा से जिसे ग्लानि नहीं होती, जिसे मौन और एकान्त से प्रेम है और जिसकी बुद्धि स्थिर है। इस प्रकार की भक्ति का प्रबल आसक्तियों से मेल नहीं बैठ सकता।

11 इस प्रकार हम देखते हैं कि सच्चा भक्त होना आत्म-साक्षात्कार करना है। आत्म-साक्षात्कार कोई अलग वस्तु नहीं है। एक रुपये से हम विष भी खरीद सकते हैं और अमृत भी, परंतु ज्ञान या भक्ति से न मुक्ति खरीदी जा सकती है, न बंधन। वे विनिमय के साधन नहीं है। वे स्वयं इष्ट वस्तुएं हैं। दूसरे शब्दों में यदि साधन और साध्य एक नहीं है, तो लगभग एक अवश्य है। साधन की पराकाष्ठा ही मुक्ति है। गीता की मुक्ति परम शांति है।

12. परंतु इस ज्ञान और भक्ति को कर्मफल-त्याग की कसौटी पर खरा उतरना पड़ता है। भले-बुरे ज्ञान से ही कोई मोक्ष का अधिकारी नहीं बनता। सामान्य कल्पना में कोरा पंडित भी ज्ञानी मान लिया जाता है। उसे कोई काम करने की जरूरत नहीं होती। छोटे से लोटे को उठाना भी वह बंधन समझेगा। जहां ज्ञान की एक कसौटी यह हो कि सेवा न करनी पड़े, वहां लोटा उठाने जैसी लौकिक क्रिया की गुंजाइश कैसे हो सकती है?

13. या भक्ति को लीजिये। भक्ति की आम कल्पना यह है कि भक्त का हृदय कोमल होना चाहिये, उसे माला जपते रहना चाहिये, आदि। प्रेमपूर्ण सेवाकर्म करने से भी उसकी माला में विक्षेप आता है! इसलिए यह भक्त खाने-पीने आदि के लिए ही माला छोड़ता है, आटा पीसने या बीमारों की सेवा के लिए कभी नहीं छोड़ता।

14. परंतु गीता कहती है : 'कर्म के बिना किसी को सिद्धि प्राप्त नहीं हुई है। जनक जैसे पुरुषों को भी कर्म से ही मोक्ष प्राप्त हुआ था। अगर मैं आलस्यवश काम करना छोड़ दूँ तो संसार का नाश हो जावे।' तब फिर साधारण लोगों के लिए कर्म में लगे रहना कितना ज्यादा जरूरी है?

15. जहां एक ओर यह निर्विवाद है कि सभी कर्म बंधनकारी होते हैं, वहां दूसरी ओर यह भी उतना ही सही है कि वे चाहें या न चाहें सभी प्राणियों को कुछ न कुछ कर्म करना पड़ता है। यहां मानसिक हों या शारीरिक, सभी प्रवृतियां कर्म शब्द में शामिल है। तब फिर कर्म करते हुए भी मनुष्य कर्म के बंधन से कैसे मुक्त हो सकता है? गीता ने इस समस्या को जिस ढंग से हल किया है वह मेरी जानकारी में अनोखा है। गीता कहती है : 'नियत कर्म करो, परंतु उस के फल का त्याग करो - अनासक्त होकर कर्म करो - फल की इच्छा छोड़कर कर्म करो।'

यह है गीता असंदिग्ध उपदेश। जो कर्म छोड़ता है उसका पतन होता है। जो केवल फल को छोड़ता है उसका उत्कर्ष होता है। परंतु फल के त्याग

का मतलब ऐसा हरगिज नहीं कि हम परिणाम के प्रति उदासीन हो जाये। प्रत्येक कर्म के बारे में मनुष्य को यह मालूम होना चाहिये कि वह उससे किस परिणाम की आशा रखता है, उसका साधन क्या है और उसके लिए कैसी क्षमता चाहिए। जिसकी इतनी तैयारी होगी परन्तु फल की इच्छा नहीं होगी और फिर भी जो अपने नियत कर्म को अच्छी तरह पूरा करने में पूरी तरह संलग्न होगा, उस के लिए यह कहा जाएगा कि उसने कर्मफल का त्याग कर दिया है।

16. साथ ही कोई त्याग का यह अर्थ न समझे कि त्यागी को फल नहीं मिलता। गीता के वचनों से ऐसा अर्थ नहीं निकलता। त्याग का अर्थ है फल की लालसा न रखना। सच तो यह है कि जो छोड़ता है उसे सहस्त्र गुना मिलता है। गीता का त्याग श्रद्धा की चरम परीक्षा है। जो सदा फल की चिन्ता करता रहता है, वह कई बार कर्तव्य-भ्रष्ट होता है। वह अधीर हो जाता है और फिर क्रोध प्रगट करने और अयोग्य कार्य करने लगता है; वह एक से दूसरे में और दूसरे से तीसरे कर्म में पड़ता है और किसी एक कर्म के प्रति वफादार नहीं रहता। जो फल की चिन्ता करता है उसकी स्थिति विषयों में आसक्त मनुष्य जैसी हो जाती है; वह सदा उद्विग्न रहता है, सब सिद्धान्तों को तिलांजलि दे डालता है। उसे नीति-अनीति का विवेक नहीं रहता और इसलिए वह अपने उद्‌देश्य की पूर्ति के लिए अच्छे-बुरे सभी साधनों का आश्रय लेता है।

17. फलेच्छा के ऐसे कटु परिणामों से गीताकार ने फलत्याग का मार्ग खोज निकाला और उसे अतिशय आकर्षक भाषा में संसार के सामने रखा है। सामान्य मान्यता यह है कि धर्म और अर्थ एक-दूसरे के विरोधी है। हम अनेक दुनियादार लोगों को यह कहते सुनते हैं कि ''मनुष्य व्यापार आदि लौकिक व्यवहार में धर्माचरण नहीं कर सकता। ऐसे कामों में धर्म का स्थान नहीं होता; धर्म तो केवल मोक्ष की प्राप्ति के लिए है।'' मेरी राय में गीताकार ने इस भ्रम को मिटा दिया है। उसने मोक्ष में और संसारिक कामों में कोई भेद नहीं रखा है। इसके विपरीत उसने सिद्ध किया है कि हमारे सांसारिक कर्मों में भी धर्म की प्रधानता रहनी चाहिये। मैं तो इस निश्चय पर पहुंचा हूँ कि गीता हमें यह सिखाती है कि जो वस्तु व्यवहार में नहीं उतारी जा सकती उसे धर्म नहीं कहा जा सकता। इस प्रकार गीता के अनुसार ऐसे सब कर्म, जो आसक्ति के बिना नहीं किये जा सकते, निषिद्ध है। यह स्वर्ण-नियम मनुष्य-जाति को अनेक प्रकार के पतन से बचाता है। इस अर्थ के अनुसार हत्या, झूठ, व्याभिचार आदि कर्म सहज ही त्याज्य और इसलिए निषिद्ध हो जाते हैं। फिर मनुष्य का जीवन

सरल बन जाता है और उस सरलता में से शान्ति उत्पन्न होती है।

18. इस विचार श्रेणी का अनुसरण करते हुए मुझे महसूस हुआ है कि गीता के केन्द्रीय उपदेश को अपने जीवन में कार्यान्वित करने का प्रयत्न करते हुए हमें सत्य और अंहिसा का पालन करना ही होगा। जब फल की कोई इच्छा नहीं है, तब असत्य या हिंसा का कोई प्रलोभन नहीं हो सकता। असत्य या हिंसा का कोई भी उदहारण लीजिये तो पता चलेगा कि उसके पीछे वांछित फल प्राप्त करने की इच्छा रही है। परंतु यह मुक्तकंठ से स्वीकार किया जा सकता है कि गीता अंहिसा की स्थापना के लिए नहीं गयी। गीता-काल के पहले ही अंहिसा परमधर्म की तरह स्वीकार कर ली गयी थी। गीता को तो अनासक्ति का सिद्धान्त बताना था। यह बात दूसरे अध्याय में ही स्पष्ट हो जाती है।

19. परंतु यदि गीता को अहिंसा मान्य थी अथवा अनासक्ति में अहिंसा सहज ही आ जाती है, तो फिर गीताकार ने भौतिक युद्ध का उदहारण क्यों लिया? जब गीता लिखी गयी थी, उस समय अंहिसा धर्म तो मानी जाती थी, परंतु युद्धों का निषेध नहीं था। जितना ही नहीं, किसी को युद्धों और अंहिसा में विरोध दिखाई भी नहीं देता था।

20. फलत्याग के महत्त्व का हिसाब लगाते समय हमें गीताकार के मन की खोज करके यह जानने की जरूरत नहीं कि उसकी अंहिसा आदि के विषय में क्या मर्यादायें थी। कवि संसार के सामने अमुक सत्य पेश करता है, इससे यह निष्कर्ष निकालना जरूरी नहीं कि वह उसके महत्त्व को संपूर्ण रूप से पहचानता ही है, या पहचानता हो तो उसे भाषा में हमेशा पूरी तरह अभिंव्यक्त कर सकता हैं। शायद इसी में उस काव्य की और कवि की महिमा है। कवि के अर्थ का कोई पार ही नहीं है। मनुष्य की भांति महान रचनाओं के अर्थ का भी विकास होता है। भाषाओं के इतिहास की पड़ताल करने पर हम देखते हैं कि महत्त्वपूर्ण शब्दों के अर्थ नित्य नये होते रहते हैं या उनका विस्तार होता जाता है। यही बात गीता की है। स्वयं ग्रंथकार ने कुछ प्रचलित शब्दों के अर्थों का विस्तार कर दिया है। ऊपर-ऊपर से देखने पर भी हमें इस बात का पता चल जाता है। यह संभव है कि गीता से पहले के युग में यज्ञ में पशु बलि विहित थी। परंतु गीता के यज्ञ के अर्थ में इसका चिह्न भी नहीं है। गीता में जपयज्ञ यज्ञों का राजा कहा गया है। तीसरे अध्याय से सूचित होता है कि यज्ञ का अर्थ मुख्यत: सेवा के लिए शरीर-श्रम है। तीसरे और चौथे अध्याय को एक साथ पढ़ने से हमें यज्ञ के और और अर्थ तो मिलेंगे, परंतु

पशुबलि का अर्थ हरगिज नहीं मिलेगा। इसी प्रकार गीता में सन्यास शब्द की भी कायापलट हो गयी है। गीता का संन्यास सभी कर्मों का सर्वथा त्याग सहन नहीं करता। गीता का संन्यास तो कर्ममय है और फिर भी अकर्मय है। इस प्रकार गीताकार ने शब्दों के अर्थ का विस्तार करके हमें सिखाया है कि गीता की भाषा का भी व्यापक अर्थ किया जाए। मान लीजिये कि गीता के शब्दार्थ के अनुसार यह कहा जा सके कि युद्ध का फलत्याग से मेल खाता है। परंतु 40 वर्ष तक गीता के उपदेश पर अपने जीवन में अमल करने के लगातार प्रयत्न के बाद मुझे पूर्ण नम्रता से अनुभव हुआ है कि सत्य और अंहिसा के पूर्ण पालन के बिना पूर्ण कर्मफल-त्याग मनुष्य के लिए असंभव है। गीता सूत्रग्रंथ नहीं है; वह एक महान धर्मकाव्य है। उसमें जितनी गहरी डुबकी लगाइये उतने ही नये और सुन्दर अर्थ मिलेंगे। सर्वसाधारण के लिए होने के कारण उसमें सुखद पुनरूक्ति है। इसलिए गीता में आये हुए महाशब्दों के अर्थ युग-युग में बदलते ओर विस्तृत होते रहेंगे। परंतु उसके केन्द्रीय अर्थ में कभी फर्क नहीं पड़ेगा। शोध को स्वतंत्रता है कि इस भंडार में से वह जैसा चाहे अर्थ निकाल ले, ताकि वह अपने जीवन में इस केन्द्रीय उपदेश पर अमल कर सके।

21. गीता कोई विधि-निषेधों का संग्रह भी नहीं है। जो वस्तु एक आदमी के लिए विहित है, वह दूसरे के लिए निषिद्ध हो सकती है। जो चीज एक समय या एक स्थान के लिए मान्य हो, वह दूसरे समय और दूसरे स्थान के लिए मान्य न भी हो। लेकिन फलासक्ति सर्वत्र निषेध है। अनासक्ति सर्वत्र अनिवार्य है।

22. गीता ने ज्ञान का गुणगान किया है, परंतु वह निरी बुद्धि परे है। वह हृदय को लक्ष्य में रखकर कही गयी है और हृदयगम्य ही है। इसलिए गीता उनके लिए नहीं है जिनमें श्रद्धा नहीं है। स्वयं ग्रंथकार ने कृष्ण से कहलवाया है :

"जो तपस्वी नहीं है, जो सुनने की इच्छा नहीं रखता और जो मेरा द्वेष करता है, उससे तू यह ज्ञान कभी न कहना। परंतु जो यह परम गुह्य ज्ञान मेरे भक्तों को प्रदान करेंगे, वे अवश्य ही इस सेवा द्वारा मुझे प्राप्त करेंगे और जो द्वेषमुक्त होकर श्रद्धा-पूर्वक इस उपदेश को मात्र सुनेंगे, वे भी मोक्ष प्राप्त करके वहां रहेंगे जहां सच्चे पुण्यवान लोग मृत्यु के बाद रहते हैं।"

यंग इंडिया, (6-8-'31)

30

सत्य में सौन्दर्य

वस्तुओं के दो पक्ष होते हैं–बाहरी और भीतरी। सवाल यह है कि हम ज्यादा जोर किस पक्ष पर देते हैं। मेरे लिये बाह्य पक्ष का उतना ही महत्त्व है, जितना वह आन्तरिक के लिये सहायक होता है। इस प्रकार प्रत्येक सच्ची कला में आत्मा की अभिव्यक्ति होनी चाहिये। मनुष्य की आत्मा की जितनी अभिव्यक्ति बाह्य रूप मे हो, उतनी ही उसकी कीमत है। इस प्रकार की कला मुझे बहुत प्रभावित करती है। परंतु मैं जानता हूं कि बहुत लोग अपने को कलाकार कहते हैं और माने भी जाते हैं, फिर भी उनकी कृतियों में आत्मा की उन्नति की आकांक्षा और व्याकुलता का जरा भी चिह्न नहीं होता।

प्रत्येक सच्ची कला को अपना भीतरी रूप पहचानने में आत्मा की सहायक होना ही चाहिये। मेरी ही बात लीजिये। मैं देखता हूं कि मैं अपनी आत्मा को पहचानने के काम में बाह्य रूपों के बिना पूरी तरह काम चला सकता हूं। इसलिये मैं दावा कर सकता हूं कि मेरे जीवन में सचमुच सफल कला है, भले आप जिन्हें कला की कृतियां कहते हैं वे मेरे आसपास न हों। मेरे कमरे की दीवारें कोरी हों, और सिर पर छप्पर भी न हो, तो मैं कला का ज्यादा उपभोग कर सकता हूँ। मैं उस तारों भरे आकाश को निहार सकता हूँ, जिसका सौंदर्य अनन्त तक फैला हुआ है। मानव की क़ौन-सी कलाकृति मेरे लिये वे रमणीय दृश्य उपस्थित कर सकती है, जो उस समय मेरे सामने आते हैं जब मैं चमकते हुये तारों वाले आकाश को देखता हूँ? परंतु इसका यह अर्थ नहीं है कि मैं जिन्हें सामान्य तौर पर कला की कृतियां कहा जाता है उनके महत्त्व को स्वीकार नहीं करता। मेरा मतलब इतना ही है कि मैं खुद यह महसूस करता हूं कि प्रकृति में सौन्दर्य के जो शाश्वत प्रतीक हैं उनकी तुलना में ये कृतियां बहुत अल्प हैं। मानव की इन कलाकृतियों का मूल्य उतना ही है, जितनी वे आत्म-साक्षात्कार में सहायक होती हैं।

मैं सत्य में या सत्य के द्वारा सौन्दर्य को देखता और पाता हूँ। सभी सत्य, अर्थात् न केवल सत्य विचार किन्तु जिनमें सत्य प्रतिबिम्बित होता हो ऐसी मुखाकृतियां, चित्र या गीत अति सुन्दर होते हैं। लोगों को आम तौर पर सत्य में सौन्दर्य नहीं दिखाई देता। साधारण मनुष्य उसके सौन्दर्य से दूर भागता है, वह उसे देख ही नहीं सकता। जब मनुष्य को सत्य में सौन्दर्य दिखाई देने लगेगा तब सच्ची कला जन्म लेगी।

सच्चे कलाकार के लिये यही मुख सुन्दर है, जिसमें उसका बाहरी रूप कैसा भी हो, आत्मा के भीतर का सत्य प्रकाशित होता है। सत्य से अलग सौन्दर्य है ही नहीं। इसके विपरीत, सत्य ऐसे रूप में प्रगट हो सकता है जो बाहर से बिल्कुल सुन्दर न हो। हमें बताया गया है कि सुकरात अपने जमाने का सबसे सच्चा आदमी था, पर उसका चेहरा यूनान में सबसे कुरूप था। मेरे ख़्याल से वह सुन्दर था, क्योंकि उसका सारा जीवन सत्य का एक प्रयत्न था। और आपको याद होगा कि उसके इस बाहरी रूप से फीडियस को उसके भीतरी सत्य के सौन्दर्य की कद्र करने में बाधा नहीं हुई, यद्यपि एक कलाकार की तरह उसे बाह्य रूप में सौन्दर्य देखने का अभ्यास था।

सत्य और असत्य अक्सर साथ-साथ रहते हैं; भलाई और बुराई गलत कल्पनायें एक साथ रहती हैं। सच्ची सौन्दर्यपूर्ण कृतियां तब जन्म लेती हैं जब सही कल्पना काम करती है। अगर ये अवसर जीवन में दुर्लभ होते हैं तो कला में भी दुर्लभ होते हैं।

ये सौन्दर्य ('सूर्यास्त अथवा दूज का चांद जो रात को तारों के बीच चमकता है') सत्यपूर्ण है, क्योंकि उनसे मुझे उनके पीछे जो स्रष्टा है उसका ख़्याल होता है। सृष्टि के केन्द्र में सत्य न होता तो ये वस्तुएं सुन्दर कैसे होतीं? जब मैं सूर्यास्त की विलक्षणता अथवा चन्द्रमा की सुन्दरता की प्रशंसा करता हूँ, तब मेरा हृदय प्रभु की पूजा में लीन हो जाता है। मैं इस सारी सृष्टि में उसे और उसकी करुणा को देखने की कोशिश करता हूँ। परंतु सूर्यास्त और सूर्योदय भी मेरे बाधक बन जायेंगे, अगर मुझे उनसे प्रभु का ध्यान करने में मदद न मिले। कोई भी चीज जो आत्मा की उड़ान में बाधक होती है, माया है, जाल है; शरीर की भी यही बात है, क्योंकि वह कई बार मोक्ष के मार्ग में सचमुच रुकावट पैदा करता है।

यंग इंडिया, 13-11-'24

सत्य ही मूल वस्तु है; पहले सत्य को पाना चाहिये। लेकिन सत्य 'शिव' और 'सुन्दर' होता है, अतः सत्य को प्राप्त कर लेने पर कल्याण और सौन्दर्य तुम्हें मिल ही जाएंगे। ईसा ने अपने गिरि-प्रवचन में यही सिखाया है। ईसा को मैं महान कलाकार मानता हूं, क्योंकि उन्होंने सत्य की उपासना की, उसे ढूंढ़ा और अपने जीवन में प्रगट किया। इसी तरह मुहम्मद भी एक बड़े कलाकर थे–कुरान अरबी साहित्य की सर्वश्रेष्ठ रचना है; पण्डित जन ऐसा ही कहते हैं। दोनों ने पहले सत्य की प्राप्ति का प्रयत्न किया; यही कारण है कि उनकी वाणियों में अभिव्यक्ति का सौंदर्य अपने-आप आ गया। लेकिन ईसा या मुहम्मद, किसी ने भी कला पर कुछ लिखा नहीं। ऐसे ही सत्य और सौंदर्य की आकांक्षा मैं करता हूँ; मैं उसी के लिये जी रहा हूँ और जरूरत हो तो अपने प्राण भी उसके लिये दे दूँगा।

यंग इंडिया, 20-11-'24

दूसरी वस्तुओं की तरह यहां भी मैं तो करोड़ों की ही दृष्टि से सोचता हूं। करोड़ों को हम सौंदर्य का दर्शन इस तरह करने की तालीम नहीं दे सकते कि वे उसमें सत्य को देख सकें। इसलिये पहले उन्हें सत्य का दर्शन करना सिखाओ, सौदर्य का दर्शन वे बाद में कर लेंगे। भूखे मर रहे करोड़ों के लिये जो चीज उपयोगी हो सकती हो, वह मुझे सुन्दर ही दिखाई देती है। उन्हें पहले हम प्राण पोषक वस्तुएं तो दें, जीवन को शोभा और सुन्दरता प्रदान करने वाली वस्तुएं बाद में आ जायेंगी।

यंग इंडिया, 20-11-'24

सच्ची कला केवल रूप और आकृति का ही नहीं, रूप और आकृति के पीछे अन्तर्हित सत्य का भी विचार करती है। ऐ कला ऐसी है जो मारती है, एक कला ऐसी भी जो जिलाती है। सच्ची कला में कलाकर की आन्तरिक पवित्रता, संतोष और आनन्द का परिचय मिलना चाहिये।

यंग इंडिया, 11-8-'21

हम किसी न किसी तरह इस विश्वास के आदी हो गये हैं कि कलाकार का शुद्ध जीवन से कोई संबंध नहीं। मैं अपने सारे अनुभव के बल पर कह सकता हूं कि इससे अधिक असत्य कुछ नहीं हो सकता। जब मैं अपने पार्थिव

जीवन के अन्त के निकट पहुंच रहा हूँ, तब मैं कह सकता हूँ कि इससे अधिक असत्य कुछ नहीं हो सकता। जब मैं अपने पार्थिव जीवन के अन्त के निकट पहुंच रहा हूँ, तब मैं कह सकता हूँ कि जीवन की पवित्रता सबसे ऊंची और सबसे अच्छी कला है। सधे हुए स्वर से अच्छा संगीत पैदा करने की कला बहुतों को प्राप्त हो सकती है, परंतु शुद्ध जीवन की संवादिता से उस संगीत को पैदा करने की कला बहुत कम लोगों को प्राप्त होती है।

हरिजन, 19-2-'38

31

रामनाम

यद्यपि मेरी बुद्धि और मेरे हृदय ने बहुत समय पहले यह अनुभव कर लिया था कि ईश्वर का सर्वोच्च गुण और नाम सत्य है, फिर भी मैं सत्य को राम के नाम से स्वीकार करता हूं। मेरी परीक्षा की अत्यन्त अंधेरी घड़ियों में इसी एक नाम ने मुझे बचाया है और अब भी वह मुझे बचा रहा है। संभव है इस्का कारण मेरे बचपन के संस्कार हों या मुझ पर तुलसीदास का जादू हो गया हो। कारण जो भी हो, यह मेरे जीवन की सबसे महत्त्वपूर्ण हकीकत है। और जिस समय मैं ये पंक्तियां लिख रहा हूं तब मुझे मेरे बचपन के दृश्य याद आते हैं। उस समय मैं अपने पैतृक घर से लगे हुए राम जी के मंदिरों में रोज जाया करता था। उस समय मेरा राम वहां रहता था। उसने अनेक खतरों और पापों से मेरी रक्षा की थी। मेरे लिए वह कोई अन्धविश्वास नहीं था। हो सकता है मूर्ति का पुजारी बुरा आदमी रहा हो। मैं उसके विरुद्ध कुछ नहीं जानता। मंदिर में दुष्कर्म हुए होंगे, उनकी भी मुझे कोई जानकारी नहीं है। इसलिए उनका मुझ पर कोई असर नहीं होता। जो बात मुझ पर लागू थी और है, वही लाखों हिन्दुओं पर लागू होती है।

हरिजन, 18-3-'33

जब कोई यह आपत्ति करता है कि राम या राम का नाम लेना तो हिन्दुओं के ही लिए है, मुसलमान उसमें कैसे भाग ले सकते हैं, तब मुझे अपने मन में हंसी आती है। क्या मुसलमानों के लिए एक ईश्वर है और हिन्दुओं, पारसियों और ईसाईयों के लिए दूसरा है? नहीं, सर्व-शक्तिमान और सर्वव्यापी ईश्वर तो एक ही है, उसके नाम अलग-अलग है; और जो नाम हमारे लिए सबसे सुपरिचित है, उसी से हम उसे याद करते हैं।

मेरा राम, हमारी प्रार्थना का राम, ऐतिहासिक राम नहीं है, जो दशरथ का पुत्र और अयोध्या का राजा था। वह तो नित्य, अजन्मा और अद्वितीय परमेश्वर है। मैं उसी की पूजा करता हूं। मैं उसी की सहायता चाहता हूं और आप भी ऐसा ही कीजिये। वह समान रूप से सबका है। इसलिए मुझे कोई कारण दिखाई नहीं देता कि किसी मुसलमान को या और किसी को भी उसका नाम लेने में ऐतराज क्यों हो। लेकिन रामनाम के रूप में ईश्वर को पहचानने के लिए वह बंधा हुआ नहीं है। वह अपने मन में इस तरह से खुदा या अल्लाह का नाम ले सकता है, जिससे स्वरों का सामंजस्य भंग न हो।

हरिजन, 28-4-'46

मैं स्वयं तो बचपन से ही तुलसीदास का भक्त रहा हूं और इसलिए मैंने ईश्वर की पूजा सदा राम के रूप में की है। परंतु मैं जानता हूं कि ओंकार से लेकर सब देशों में और सब भाषाओं में प्रचलित ईश्वर के समस्त नामों को देखा जाएं तो भी परिणाम एक ही निकलेगा। ईश्वर और उसका नियम एक ही वस्तु है। इसलिए उसके नियम का पालन करना पूजा का सबसे अच्छा रूप है। जो उस नियम के साथ एक हो जाता है, उसे जबान से उसका नाम लेने की जरूरत नहीं रहती। दूसरे शब्दों में, जिस व्यक्ति के लिए ईश्वर का ध्यान सांस लेने जैसा स्वाभाविक बन जाता है, उसमें ईश्वर की भावना इतनी भर जाती है कि उसके नियम का ज्ञान या पालन भी एक प्रकार से उसके लिए स्वाभाविक हो जाता है। ऐसे मनुष्य के लिए और किसी इलाज की जरूरत नहीं है।

तब यह प्रश्न उत्पन्न होता है कि हमारे हाथ में यह श्रेष्ठ उपाय होते हुए भी हमें इसका इतना थोड़ा ज्ञान क्यों है और जिन्हें ज्ञान है वे भी ईश्वर को याद क्यों नहीं रखते या हृदय के बजाय केवल वाणी से क्यों याद करते हैं? तोते की तरह ईश्वर का नाम रट लेने का अर्थ है कि हम उसे सब रोगों की एक रामबाण औषध के रूप में नहीं पहचान सके है।

हरिजन, 24-3-'46

यह कहा जा सकता है कि राम का भक्त और गीता का स्थितप्रज्ञ एक ही हैं। अगर हम थोड़ी गहराई में जाएं तो पता लगेगा कि ईश्वर का सच्चा भक्त प्रकृति के पंचतत्त्वों का ईमानदारी से आज्ञा-पालन करता है। अगर वह उनका आज्ञा-पालन करता है तो बीमार नहीं पड़ेगा। यदि संयोगवश बीमार पड़

गया, तो उन तत्त्वों की सहायता से अपना इलाज खुद कर लेगा। जो शरीर को अपना वस्त्र या आवरण मानता है, वह शरीर का चाहे जिस तरह से इलाज नहीं करना चाहेगा- हां, जो यह मानता है कि वह शरीर के सिवा कुछ नहीं है, उसके लिए शरीर के रोगों का इलाज करने के लिए दुनिया-भर में भटकना स्वाभाविक होगा। परंतु जो अच्छी तरह समझता है कि शरीर में रहते हुए भी आत्मा उससे कोई भिन्न वस्तु हैं और नाशवान शरीर के मुकाबले में अविनाशी है, उसे पंचतत्त्वों के काम न आने पर कोई उद्वेग या शोक नहीं होगा। इसके विपरीत वह मृत्यु को को मित्र समझकर उसका स्वागत करेगा। वह डॉक्टरों की खोज न करके अपना इलाज स्वयं ही कर लेगा। वह आत्मा का भान रखकर जिएगा और आरंभ से अन्त तक अन्तर्वासी आत्मा के ही कल्याण की चिन्ता करेगा।

ऐसा आदमी हर सांस के साथ ईश्वर का नाम लेगा। जब शरीर सोता होगा तब भी उसका राम जागता रहेगा। वह जो कुछ करेगा उसमें राम सदा उसके साथ होगा। ऐसा भक्त मनुष्य तो इस पवित्र साथ के छूट जाने को ही मृत्यु मानेगा।

अपने राम को अपने साथ रखने के लिए वह पंचतत्त्वों से जो सहायता मिल सकती है वही लेगा। अर्थात् पृथ्वी, वायु, जल, तेज और आकाश से जो भी लाभ उठाया जा सकता है, उसके लिए सबसे सादा और सरल उपाय काम में लेगा। यह सहायता रामनाम की पूर्ति करने वाली नहीं है। यह तो उसके साक्षात्कार का एक साधन-मात्र है। वास्तव में रामनाम को किसी सहायक की जरूरत नहीं होती। परंतु रामनाम के विश्वास का दावा करना और साथ ही डॉक्टरों के पास दौड़ना ये दोनों साथ-साथ नहीं चल सकते।

जैसे शरीर रक्त के बिना नहीं रह सकता, ठीक उसी तरह आत्मा को श्रद्धा की अद्वितीय और शुद्ध शक्ति की जरूरत है। यह शक्ति मनुष्य के शारीरिक अंगों की दुर्बलता में फिर से बल का संचार कर सकती है। इसलिए यह कहा गया है कि जब रामनाम हृदय में अंकित हो जाता है तो मनुष्य का पुनर्जन्म हो जाता है। यह नियमं युवा और बुद्ध, स्त्री और पुरुष सब पर समान रूप से लागू होता है।

हरिजन, 29-6-'47

32

प्राकृतिक चिकित्सा

प्राकृतिक चिकित्सा का अर्थ वह इलाज है जो मनुष्य के अनुकूल है· उसकी मनुष्यता के अनुरूप है। मनुष्य से अभिप्राय उस नाम से परिचित केवल शरीरधारी से नहीं, परंतु ऐसे प्राणी से है जिसके पास और मन और आत्मा भी हैं। ऐसे प्राणी के लिए रामनाम सबसे सच्चा कुदरती इलाज है। यह अचूक उपाय है। इसीलिए तो अचूक औषधि को रामबाण कहते हैं। प्रकृति भी बताती है कि मनुष्य के लिए यही योग्य इलाज है। मनुष्य किसी भी रोग से पीड़ित हो, अगर वह हृदय से रामनाम ले तो रोग अवश्य नष्ट होगा। ईश्वर के अनेक नाम हैं। प्रत्येक व्यक्ति वह नाम चुन सकता है जो उसे ठीक लगे। ईश्वर, अल्लाह, खुदा और गॉड सबका एक ही अर्थ है। परंतु नाम-स्मरण तोते की भांति नहीं होना चाहिये। वह श्रद्धा से पैदा होना चाहिये ओर हमारे प्रयत्न में उस श्रद्धा का परिचय मिलना चाहिये। तब इस प्रयत्न का रूप क्या होगा? मनुष्य को जिन पांच तत्त्वों से उसका शरीर बना है- अर्थात् पृथ्वी, जल, अग्नि, आकाश और वायु- उनमें ही अपने इलाज की खोज करनी चाहिये और उन्हीं तक सीमित रहकर संतोष करना चाहिये। अवश्य रामनाम तो सदा साथ रहना ही चाहिये। इतना होने पर भी मौत आ ही जाए तो हमें परवाह नहीं होनी चाहिये, बल्कि उसका स्वागत करना चाहिये। विज्ञान अभी शरीर को अमर करने का कोई नुस्खा नहीं निकाल सका है। अमरत्व तो आत्मा का गुण है। उसके लिए सब शुद्ध शरीर पैदा करने का प्रयत्न करें।

हरिजन, 3-3-'46

अगर हमें ऊपर का तर्क मंजूर हो तो प्राकृतिक चिकित्सा के साधन अपने आप मर्यादित हो जायेंगे और इससे मनुष्य बड़े-बड़े अस्पतालों और मशहूर

डॉक्टरों वगैरह के लवाज में से बच जायेगा। संसार के अधिकांश मनुष्य कभी इतना खर्च बर्दाश्त नहीं कर सकते। तब फिर जो बात बहुतों को नहीं मिल सकती उसे थोड़े लोग क्यों चाहें?

हरिजन, 3-3-'46

परंतु रामनाम की शक्ति की अपनी कुछ मर्यादाएं हैं और उसके कारगर होने के लिए कुछ शर्तों का पूरा होना जरूरी है। रामनाम जादू-टोने की तरह नहीं है। अगर कोई आदमी अति भोजन के रोग से पीड़ित है और उसके परिणामों से इसलिए बचना चाहता है कि वह फिर बदपरहेजी करे तो उसके लिए रामनाम नहीं है। रामनाम किसी अच्छे उद्‌देश्य के लिए ही काम में लिया जा सकता है, न कि बुरे के लिए। अन्यथा चोर-डाकू सबसे बड़े भक्त हो जायेंगे। रामनाम शुद्ध हृदय वालों के लिए हैं और उन लोगों के लिए हैं, जो शुद्धता प्राप्त करना और शुद्ध रहना चाहते हैं। वह कभी भोग का साधन नहीं बन सकता। अधिक खाने का इलाज उपवास है, न कि प्रार्थना। प्रार्थना तभी आ सकती है जब उपवास अपना काम कर चुका हो। वह उपवास को आसान और सही बना सकती है। इसी तरह रामनाम लेने के साथ आप अपने शरीर में दवाईयां ठूंसते रहें, तो रामनाम एक व्यर्थ का ढकोसला हो जाएगा। जो डॉक्टर अपने मरीज की बुराईयों को संतुष्ट करने के लिए अपनी बुद्धि का उपयोग करता है, वह अपना और अपने बीमार का पतंन करता है। मनुष्य के लिए इससे बुरा पतन और क्या हो सकता है कि अपने शरीर को प्रभु की पूजा का साधन समझने के बजाय वह उसी को पूजा की वस्तु बना ले और उसे टिकाये रखने के लिए पानी की तरह रुपया बहाये? इसके विपरीत रामनाम रोग मिटाने के साथ-साथ आदमी को शुद्ध बनाता है और इसलिए ऊंचा उठाता है। यही रामनाम का उपयोग है और यही उसकी मर्यादा।

हरिजन, 6-4-'46

यह एक योग्य प्रश्न है कि जो आदमी नियमित रूप से रामनाम लेता है और शुद्ध जीवन बिताता है, उसे कभी बीमार क्यों पड़ना चाहिये। प्रकृति से मनुष्य अपूर्ण हैं। विचारशील मनुष्य पूर्णता का प्रयत्न करता है; परंतु उसे कभी प्राप्त नहीं करता। अनजाने ही सही, वह रास्ते में ठोकरें खाता है। ईश्वर का सारा कानून शुद्ध सदाचारी जीवन में मूर्तिमान होता है। पहली चीज अपनी

मर्यादाएं अच्छी तरह समझ लेना है। यह तो स्पष्ट जान पड़ता है कि ज्यों ही मनुष्य उन मर्यादाओं का उल्लंघन करता है त्यों ही बीमार पड़ता है। जरूरत के अनुसार संतुलित भोजन करने से हमें बीमारी से छुटकारा मिलता है। लेकिन यह कैसे जानें कि हमारे लिए ठीक खुराक क्या है? ऐसी कई गूढ़ समस्याओं की कल्पना की जा सकती है। इन सारी बातों का मतलब यह है कि हर एक को खुद अपना डॉक्टर बन जाना चाहिये और अपनी मर्यादाओं का पता लगा लेना चाहिये। जो मनुष्य ऐसा करेगा वह अवश्य 125 वर्ष जियेगा।

हरिजन, 19-5-'46

प्राकृतिक चिकित्सा और इलाज की देशी पद्धतियों के लिए मुझे प्रेम है। लेकिन इसका यह मतलब नहीं कि पश्चिम के देशों ने डॉक्टरी विद्या में जो तरक्की की है, उसे मैं देख नहीं सकता, यद्यपि मैंने कड़े शब्दों में उसकी टीका की है और उनकी पद्धति को 'जादू-टोने' का नाम दिया है। मैंने यह कठोर शब्द काम में लिया है और मैं उसे वापस नहीं लेता, क्योंकि एक तो उन्होंने अपने इलाज में जीवित प्राणियों की चीर-फाड़ और उसके साथ लगी हुई सारी क्रूरताओं को जगह दी है। दूसरे वे इन्सान की जिन्दगी को बढ़ाने के लिए सब तरह के काम, फिर वे कितने ही बुरे क्यों न हों, करने के लिए तैयार रहते हैं और शरीर के अन्दर रहने वाली आत्मा को बिल्कुल भूल गये हैं। प्राकृतिक चिकित्सा की बड़ी मर्यादाओं और प्राकृतिक चिकित्सा के निकम्मे दावों के बावजूद मैं उसे कभी छोड़ नहीं सकता। सबसे बड़ी बात यह है कि प्राकृतिक चिकित्सा में हर एक आदमी स्वयं अपना डॉक्टर बन सकता है। दूसरी चिकित्सा-प्रणालियों में यह बात नहीं है।

हरिजन, 11-8-'46

मनुष्य के पास दूसरी शक्तियों की भांति आध्यात्मिक बल भी है, जिसका उपयोग वह अपने लाभ के लिए कर सकता है। युगों से उसका उपयोग शारीरिक व्याधियों के इलाज के लिए किया जाता रहा है और उसमें थोड़ी या बहुत सफलता भी मिली है इस बात को छोड़ दें तो भी अगर उसे शारीरिक व्याधियों को अच्छा करने के लिए सफलतापूर्वक काम में लिया जा सकता हो तो काम में न लेना बुनियादी गलती होगी। कारण, मनुष्य जड़ और चेतन दोनों है और एक का दूसरे पर असर होता है। अगर आप जिन लाखों लोगों को

कुनैन नहीं मिलती उनका विचार किये बिना कुनैन लेकर मलेरिया से छुटकारा पा लेते हैं, तो महज इसलिए कि लाखों लोग अपने अज्ञानवश उसे काम में नहीं लेंगे आप उस इलाज का इस्तेमाल करने से क्यों इनकार करते हैं जो आपके भीतर मौजूद है? दूसरे लाखों लोग अज्ञान या आलस्यवश साफ और स्वस्थ न रहें, तो क्या आपको भी साफ और स्वस्थ नहीं रहना चाहिय? अगर परोपकार की झूठी धारणाओं के कारण आप स्वच्छ न रहेंगे, तो आप मैले और बीमार रहकर उन्हीं लाखों लोगों की सेवा के कर्तव्य से वंचित रहेंगे। बेशक, आध्यात्मिक दृष्टि से स्वस्थ या स्वच्छ न रहना शारीरिक दृष्टि से स्वस्थ और स्वच्छ न रहने से ज्यादा बुरा है।

हरिजन, 1-9-'46

मोक्ष का अर्थ हर प्रकार से स्वस्थ होना ही है। आप अपने को इससे वंचित क्यों करें, अगर इससे आप दूसरों का मार्गदर्शन कर सकते हों और मार्गदर्शन के अलावा अपनी तन्दुरुस्ती के कारण उनकी सेवा भी कर सकते हों?

हरिजन, 2-9-'46

33

प्राणीमात्र की एकता

मेरा नीतिशास्त्र न सिर्फ मुझे यह दावा करने की इजाजत देता है, बल्कि चाहता भी है कि मैं केवल बन्दर को ही नहीं, परंतु घोड़े और भेड़ को, शेर और चीते को, सांप और बिच्छू तक को अपना कुटुम्बी समझूं। यह जरूरी नहीं कि ये प्राणी भी अपने को ऐसा ही समझें। मेरे जीवन पर जिस कठोर नीतिशास्त्र का नियंत्रण है और मेरी राय में प्रत्येक स्त्री-पुरुष के जीवन पर भी होना चाहिये, उससे हम पर यह एकतरफा जिम्मेदारी आती है और यह इसलिए आती है कि केवल मनुष्य ही ईश्वर के स्वरूप के अनुसार बनाया गया है। अगर हममें से कुछ लोग अपनी यह स्थिति नहीं पहचानते तो इससे कोई फर्क नहीं पड़ता। सिर्फ इतना ही होता है कि उस स्थिति का लाभ हमें नहीं मिलता, जैसे किसी सिंह का भेड़ों के साथ साथ लालन-पालन हुआ हो और वह अपनी खुद की स्थिति को न जानता हो तो उसे सिंह होने का लाभ नहीं मिलता। परन्तु वह सिंह तो रहता ही है। और ज्यों ही वह अपने सिंहत्त्व को पहचान लेता है, त्यों ही भेड़ों पर शासन करने लगता है। परंतु शेर की खाल पहन कर कोई भेड़ शेर की स्थिति को कभी प्राप्त नहीं कर सकती और इस बात को सिद्ध करने के लिए कि मनुष्य ईश्वर के स्वरूप के अनुसार बनाया गया है, यह जरूरी नहीं है कि हम सब मनुष्यों में उस स्वरूप का प्रगट होना दिखायें। अगर हम किसी एक मनुष्यों में भी उस स्वरूप की अभिव्यक्ति दिखा दें तो हमारी बात सिद्ध हो जाती है। क्या इस बात से कोई इनकार करेगा कि मानव-जाति के महान धर्मगुरुओं ने अपने जीवन से यह सिद्ध किया है कि वे परमात्मा के स्वरूप के अनुसार बने हुए थे?

यंग इंडिया, 8-7-'26

मैं एक सांप की भी जीवन-हानि करके जिन्दा नहीं रहना चाहता। मुझे उसके काटने से मर जाना मंजूर है, मगर उसे मारना मंजूर नहीं। परन्तु संभव है कि ईश्वर मेरी ऐसी निर्दय परीक्षा ले और सांप को मुझ पर हमला करने दे तब मुझमें मरने की साहस प्रगट न हो, बल्कि मेरे भीतर का पशुत्व. जोर करे और मैं इस नाशवान शरीर की रक्षा करने में सांप को मारने का प्रयत्न करूं। मैं स्वीकार करता हूं कि मेरा विश्वास अभी तक इतना पूर्ण नहीं बना है कि मैं जोर के साथ यह कह सकूं कि मैंने सांपों का सब डर छोड़ दिया है और मैं, जैसा कि मैं चाहता हूं, उनसे मित्रता का व्यवहार कर सकता हूं। यह मेरा असंदिग्ध विश्वास है कि सांप, चीते वगैरह हमारे विषैले, दुष्ट और बुरे विचारों के जवाब हैं।..... मैं मान्ता हूं कि प्राणीमात्र एक हैं। विचार निश्चित रूप ग्रहण करते हैं। शेरों और सांपों का हमारे साथ पारिवारिक संबंध है। वे हमारे लिए इस बात की चेतावनी हैं कि हम बुरे दुष्टतापूर्ण और वासनायुक्त विचार न रखें। अगर मैं जहरीले पशुओं और रेंगने वाले कीड़े-मकोड़ों से छुटकारा पाना चाहता हूं, तो मुझे सभी विषैले विचारों से मुक्त हो जाना चाहिये। मैं ऐसा नहीं कर सकूंगा, यदि अपने अधीरतापूर्ण अज्ञान से और शरीर की आयु बढ़ाने की इच्छा से मैं कथित जहरीले पशुओं और कीड़े-मकोड़ों को मारने की कोशिश करूंगा। यदि ऐसे हानिकारक जानवरों से अपनी रक्षा करने की कोशिंश न करके मैं मर जाता हूं, तो मैं अधिक अच्छा और पूर्ण मनुष्य बनकर फिर जन्म लूंगा। अपने भीतर ऐसी श्रद्धा रखकर मैं सांप रूपी साथी प्राणी को मारने की इच्छा कैसे कर सकता हूं?

यंग इंडिया, 14-4-'27

हम मृत्यु के बीच में रहते हुए टटोल-टटोल कर सत्य का मार्ग खोजने की कोशिश कर रहे हैं। शायद यह अच्छा भी है कि हम अपने जीवन में हर कदम पर खतरे से घिरे हुए हैं, क्योंकि खतरे की जानकारी और जीवन की आरक्षित हालत का ज्ञान होते हुए भी प्राणी मात्र के मूल स्रोत के प्रति हमारी जितनी उदासीनता है उतना ही हमारा अहंकार आश्चर्यकारक है।

यंग इंडिया, 7-7-'27

प्राणी मात्र का शरीर किसी न किसी हिंसा से कायम रहता है। इसलिए सर्वोच्च धर्म की व्याख्या अहिंसा जैसे निषेधात्मक शब्द द्वारा की गई है। संसार

विनाश की जंजीर में बंधा हुआ है। दूसरे शब्दों में, शरीर में प्राण रहने के लिए हिंसा स्वाभाविक रूप में आवश्यक है। इसी कारण अहिंसा का पुजारी सदा शरीर के बंधन से मुक्त होने की प्रार्थना करता है।

यंग इंडिया, 4-10-'28

मुझे इस हकीकत का दुःखपूर्ण भान है कि शरीर में प्राण बनाये रखने की मेरी इच्छा मुझसे सतत् हिंसा कराती है। यही कारण है कि मैं अपने इस भौतिक शरीर के प्रति दिन-दिन उदासीन होता जा रहा हूं। उदाहरण के लिए, मैं जानता हूं कि सांस लेने और निकालने की क्रिया में मैं हवा में उड़ने वाले असंख्य अदृश्य कीटाणुओं को नष्ट करता हूं। परन्तु मैं श्वासोच्छ्वास नहीं छोड़ता। साग-भाजियों को काम में लेने से हिंसा होती है, परन्तु मैं देखता हूं कि मैं उन्हें नहीं छोड़ सकता। इसी तरह कृमिनाशक औषधियों के उपयोग में हिंसा है, फिर भी मैं मच्छरों वगैरह से छुटकारा पाने के लिए मिट्टी के तेल आदि रोग का संक्रमण रोकने वाले पदार्थों का उपयोग छोड़ने के लिए अपने को तैयार नहीं कर पा रहा हूं। जब आश्रम में सांपों को पकड़कर निरापद स्थानों पर छोड़ना संभव नहीं होता, तो मैं उनका मारा जाना सहन कर लेता हूं। मैं आश्रम में बैलों को हांकने के लिए लकड़ी का प्रयोग भी बर्दाश्त कर लेता हूं। इस प्रकार जो हिंसा मैं प्रत्यक्ष या अप्रत्यक्ष रूप में करता हूं उसका कोई अन्त नहीं। अगर मेरी इस नम्र स्वीकारोक्ति के कारण मित्र लोग मुझे गया-बीता समझकर छोड़ देंगे तो मुझे दुःख होगा, परन्तु इससे मैं अहिंसा के पालन में अपनी अपूर्णताओं को छिपांने की कोशिश नहीं करूंगा। अपने लिए मेरा दावा इतना ही है कि मैं अहिंसा आदि महान आदर्शों के गूढ़ार्थ समझने और उनका मन, कर्म तथा वचन से पालन करने का सतत प्रयत्न कर रहा हूं और उसमें मुझे अपनी समझ के अनुसार कुछ सफलता भी मिल रही है। परन्तु मुझे मालूम है कि अभी इस दिशा में मुझे लंबा सफर तय करना है।

यंग इंडिया, 1-11-'28

मैं मानता हूँ कि मैं अहिंसा से ओत-प्रोत हूँ। अहिंसा और सत्य मेरे दो फेफड़े हैं। मैं उनके बिना जी नहीं सकता। परन्तु मैं हर क्षण अधिकाधिक स्पष्ट रूप में अहिंसा की जबरदस्त ताकत और इन्सान की क्षुद्रता देख रहा हूं। वनवासी भी, उसमें असीम दया हो तब भी, हिंसा से सर्वथा मुक्त नहीं हो

सकता। हर सांस के साथ वह कुछ न कुछ हिंसा करता ही है। शरीर स्वयं एक कसाई-घर है। और इसलिए मोक्ष और चिर आनन्द शरीर से पूरी तरह मुक्त होने में हैं और इसलिए मोक्ष के आनन्द के सिवा और सब सुख क्षणभंगुर है, अपूर्ण है। ऐसी हालत में हमें दैनिक जीवन में हिंसा की अनेक कड़वी घूंटे पीनी पड़ती है।

यंग इंडिया, 21-10-'26

मैं सचमुच मानता हूं कि जरा-जरा से बहाने पर मनुष्य की मनुष्य को मारने की आदत ने उसकी बुद्धि को धुंधला कर दिया है। मनुष्य दूसरों के प्राण लेने में जितनी उच्छृंखलता से काम लेता है उससे वह कांप उठता, यदि वास्तव में उसका यह विश्वास होता है कि ईश्वर प्रेम और दया की मूर्ति है। कुछ भी हो, मौत के डर से मैं शेरों, सांपों, पिस्सुओं और मच्छरों आदि को मार भी डालूं तो भी मैं सदा उस ज्ञान के लिए प्रार्थना करता हूं, जो मृत्यु का सारा भय मिटा दे और जिसे पाकर मैं किसी भी प्राणी की हिंसा करने से इनकार कर दूं।

हरिजन, 9-1-'37

गाय

पशु-जगत में गाय शुद्धतम प्राणी है। वह हमारे सामने सारी पशुजाति के लिए मनुष्य के हाथों न्याय प्राप्त करने की वकालत करती है, क्योंकि मनुष्य सृष्टि का श्रेष्ठ प्राणी है। वह अपनी आंखों के द्वारा हमें यह कहती दिखाई देती है: 'हमें मारने और हमारा मांस खाने या अन्य दुर्व्यवहार करने के लिए तुम्हें हमारे ऊपर नहीं रखा गया है, परन्तु हमारा मित्र और संरक्षक बनने के लिए।'

यंग इंडिया, 26--24

गाय मेरे लिए करुण का काव्य है। मैं उसकी पूजा करता हूं और सारी दुनिया का मुकाबला करके भी मैं उसकी पूजा की रक्षा करूंगा।

यंग इंडिया, 1-1-'25

34

ब्रह्मचर्य क्या है?

एक भाई पूछते हैं: 'ब्रह्मचर्य क्या है? क्या उसका पूर्ण पालन संभव है? है तो क्या आप करते हैं?'

ब्रह्मचर्य का पूरा और ठीक अर्थ तो ब्रह्म की खोज है। ब्रह्म सर्वव्यापी है और इसलिए अपनी आत्मा में डुबकी लगाने और उसे पहचानने से उसकी खोज हो सकती है। यह साक्षात्कार इंद्रियों के संपूर्ण संयम के बिना असंभव है। इस प्रकार ब्रह्मचर्य का अर्थ है सब इंद्रियों का हर समय और हर जगह मन, वचन और कर्म से संयम।

जो व्यक्ति- पुरुष या स्त्री- पूर्ण ब्रह्मचर्य का पालन करता है, वह सर्वथा विकार-रहित होता है। इसलिए ऐसा व्यक्ति ईश्वर के निकट रहता है, ईश्वर जैसा होता है।

मुझे जरा भी शंका नहीं है कि इस प्रकार के ब्रह्मचर्य का मन, वचन और कर्म से पूरी तरह पालन करना संभव है।

यंग इंडिया, 5-6-'24

जिस मनुष्य का सत्य के साथ अटूट नाता है और जो केवल सत्य की ही पूजा करता है, वह अगर अपनी बुद्धि और किसी काम में लगाता है तो सत्य के प्रति बेवफा साबित होता है। तब फिर वह इंद्रियों का पोषण कैसे कर सकता है? जिस मनुष्यों की प्रवृत्तियां पूरी तरह सत्य के साक्षात्कार के लिये ही अर्पित हैं, वह प्रजोत्पत्ति के कार्य में या गृहस्थी चलाने में कैसे पड़ सकता है? भोग-विलास द्वारा आज तक किसी को सत्य का साक्षात्कार हुआ हो, ऐसा एक भी उदाहरण हमारे पास नहीं है। भोग-विलास और सत्य का साक्षात्कार तो परस्पर-विरोधी वस्तुएं हैं।

अगर हम इसको अहिंसा की दृष्टि से देखें तो हमें पता चलता है कि

ब्रह्मचर्य के बिना अहिंसा का पालन असंभव है। अहिंसा का अर्थ है विश्वप्रेम। अगर कोई पुरुष एक-स्त्री को या कोई स्त्री एक पुरुष को अपना प्रेम प्रदान कर देती है, तो फिर बाकी सारी दुनिया के लिए रह ही क्या जाता है? इसका अर्थ तो यह हुआ कि 'हम दोनों पहले और बाकी सब जाएं जहन्नुम् में। चूंकि पतिव्रता स्त्री को अपने पति के खातिर और एक वफादार पति को अपनी पत्नी के खातिर सब कुछ कुर्बान करने के लिए तैयार रहना पड़ता है, इसलिए स्पष्ट है कि ऐसे व्यक्ति न विश्वप्रेम की ऊंचाई तक पहुंच सकते हैं और न तमाम मानव-जाति को अपना परिवार समझ सकते हैं। कारण, वे अपने प्रेम के चारों ओर एक दीवार खड़ी कर देते हैं। उनका परिवार जितना बड़ा होगा उतने ही वे विश्वप्रेम से दूर होंगे। इसलिए जो अहिंसा धर्म का पालन करना चाहते हैं वे विवाह नहीं कर सकते; विवाह-बंधन के बाहर वासना-तृप्ति की तो बात ही क्या?

तब फिर उन लोगों का क्या हो जो पहले ही विवाह कर चुके हैं? क्या वे कभी सत्य का साक्षात्कार नहीं कर सकेंगे? क्या वे मानवता की वेदी पर कभी अपना सर्वस्व बलिदान नहीं कर सकते? उनके लिए भी एक रास्ता है। वे ऐसा आचरण कर सकते हैं, मानो उनका विवाह ही न हुआ हो। जिन लोगों ने इस सुखद स्थिति का उपभोग किया है, वे मेरी बात का समर्थन कर सकते हैं। जहां तक मैं जानता हूं, कईयों ने इस प्रयोग को सफलतापूर्वक किया है। यदि विवाहित दंपति एक-दूसरे को भाई-बहन समझ सकें तो वे विश्व की सेवा के लिए स्वतंत्र हो जाएं। इस विचार-मात्र से कि संसार की सब स्त्रियां हमारी बहनें, माताएं या पुत्रियां हैं, मनुष्य तुरन्त ऊंचा उठ जाएगा और उसके बंधन टूट जायेंगे। यहां पति और पत्नी कुछ खो नहीं देते, परन्तु अपने साधनों और अपने परिवार में भी बुद्धि ही करते हैं। उनका प्रेम वासना की मलिनता से मुक्त होकर पहले से प्रबल हो जाता है। इस मलिनता के दूर हो जाने से वे एक-दूसरे की अधिक सेवा कर सकते हैं और झगड़े के अवसर कम हो जाते हैं। जहां प्रेम में स्वार्थ और बंधन होता है, वहां झगड़े के लिए अवसर अधिक होते हैं।

अगर ये दलीलें मान ली जाती हैं, तो ब्रह्मचर्य के शारीरिक लाभों के विचार का महत्त्व गौण हो जाता है। इंद्रियों के भोग में जानबूझ कर वीर्यहानि करना कितनी बेवकूफी है! जो चीज हमें अपनी शारीरिक और मानसिक शक्तियों का विकास करने के लिए दी गई है, उसे शारीरिक सुख-भोग के लिए व्यय करना उसका घोर दुरुपयोग है। और यह दुरुपयोग कई रोगों का मूल कारण होता है।

अन्य व्रतों की भांति ब्रह्मचर्य का पान भी मन, कर्म और वचन से होना चाहिये। गीता में हमें बताया गया है और अनुभव से इसका समर्थन होता है कि जो मूर्ख आदमी अपने शरीर को तो काबू में रखता दिखाई देता है, मगर मन में बुरे विचारों का पोषण करता रहता है, वह मिथ्याचारी है, उसका प्रयत्न व्यर्थ है। अगर शरीर का दमन करते हुए साथ-साथ मन को भटकने दिया जाएगा तो उससे हानि ही होगी। जहां मन भटकता है वहां शरीर भी आगे-पीछे जाएगा ही।

यह एक भेद समझ लेने की जरूरत है। मन को अपवित्र विचारों का सेवन करने देना एक बात है; और हमारे प्रयत्नों के होते हुए भी वह उनमें भटकता रहे, यह बिल्कुल दूसरी बात है। अगर बुरे विचारों में भटकने में हम अपने मन का साथ न दें तो अन्त में जीत हमारी ही होगी।

हम अपने जीवन के हर क्षण में अनुभव करते हैं कि अक्सर हमारा शरीर तो हमारे नियंत्रण में रहता है, परन्तु मन नहीं रहता। इस शारीरिक नियंत्रण को हरगिज ढीला नहीं करना चाहिये और साथ ही मन को काबू में लाने का सतत् प्रयत्न करना चाहिये। हम इससे न ज्यादा कर सकते हैं, न कम। अगर हम मन का नियंत्रण नहीं करेंगे, तो शरीर और मन भिन्न भिन्न दिशाओं में खींचातान करेंगे और मिथ्याचार का आरम्भ होगा। जब तक हम प्रत्येक बुरे विचार को पास फटकने से रोकते रहेंगे, तब तक यह कहा जा सकता है कि शरीर और मन साथ-साथ चल रहे हैं।

ब्रह्मचर्य का पालन अति कठिन, लगभग असंभव, माना गया है। इस मान्यता का कारण ढूंढ़ने पर हम देखते हैं कि ब्रह्मचर्य शब्द का संकीर्ण अर्थ किया गया है। केवल काम-विकार को वश में रखना ही ब्रह्मचर्य-पालन के बराबर मान लिया गया है। मैं महसूस करता हूं कि यह कल्पना अपूर्ण और गलत है। ब्रह्मचर्य का अर्थ है सभी इंद्रियों को वश में रखना। जो केवल एक इन्द्रियों को ही काबू में रखने की कोशिश करता है और दूसरी सब इंद्रियों को खुला छोड़ देता है, उसक। प्रयत्न निष्फल होगा ही। कानों से उत्तेजक भोजन चखना, हाथों से उत्तेजक पदार्थ छूना और साथ ही यह आशा रखना कि जो एकमात्र इन्द्रिय बच गई वह वश में रहेगी, ऐसा ही है जैसे आग में हाथ डालकर जलने से बचने की आशा रखना। इसलिए जिसने एक इन्द्रिय को वश में रखने का निश्चय किया है, उसे शेष इंद्रियों को काबू में रखने का भी वैसा ही व्रत लेना चाहिये। मेरा हमेशा यह ख़्याल रहा है कि ब्रह्मचर्य की संकीर्ण व्याख्या से बहुत हानि हुई है। अगर हम सभी दिशाओं में एक साथ संयम का

पालन करें तो वह वैज्ञानिक होगा और संभव है उसमें में सफलता भी मिले। ब्रह्मचर्य के पालन की कठिनाई में शायद मुख्य कारण स्वादेन्द्रिय का असंयम है। इसलिए आश्रम में हमने अपने व्रतों में स्वाद के संयम को अलग स्थान दिया है।

हमें ब्रह्मचर्य का मूल अर्थ याद रखना चाहिये। चर्या का अर्थ है आचरण; ब्रह्मचर्य का अर्थ है ब्रह्म अर्थात् सत्य की खोज के अनुकूल आचरण है। इस शब्दार्थ से सब इंद्रियों के नियंत्रण का विशेष अर्थ उत्पन्न होता है। हमें उस अपूर्ण व्याख्या को बिल्कुल भूल जाना पड़ेगा, जिसमें ब्रह्मचर्य का अर्थ केवल जननेंद्रिय का संयम किया जाता है।

मंगल प्रभात, अध्याय 3

35

ब्रह्मचर्य के उपाय

पहला उपाय उसकी आवश्यकता को अच्छी तरह समझ लेना है।

दूसरा उपाय है धीरे-धीरे इंद्रियों को वश में करना। ब्रह्मचारी को अपनी जीभ जरूर काबू में कर लेनी चाहिये। उसे जीने के लिए, न कि भोग के लिए, खाना चाहिये। उसे केवल पवित्र वस्तुएं ही देखनी चाहिये और हर एक गंदी चीज के सामने आंखें बन्द रखनी चाहिये। यह कुलीनता का चिह्न है कि हम अपनी आंखें नीची रखकर चलें और इधर-उधर न देखें। इसी तरह एक ब्रह्मचारी कोई अश्लील या अपवित्र बात नहीं सुनेगा और न कोई तेज और उत्तेजक पदार्थ सूंघेगा। साफ मिट्टी का सुगन्ध बनावटी इत्र-फुलेल की सुगन्ध से कहीं मीठी होती है। ब्रह्मचारी को सारे समय अपने हाथ-पैरों को भी उपयोगी कामों में लगाये रखना चाहिये। वह कभी-कभी उपवास भी करे।

तीसरा उपाय है शुद्ध साथी- शुद्ध मित्र और शुद्ध पुस्तकें रखना। ब्रह्मचारी को नित्य नियम से पूरे दिल के साथ रामनाम लेना चाहिये और ईश्वर की कृपा की याचना करनी चाहिये।

साधारण पुरुष या स्त्री के लिए इनमें से कोई भी बात कठिन नहीं है। वे बिल्कुल सीधी-सादी हैं, परन्तु उनकी सादगी ही परेशान करने वाली है। जहां इरादा होता है वहां रास्ता बहुत सरल हो जाता है। लोगों में इरादा नहीं होता इसलिए वे व्यर्थ भटकते हैं। यह हकीकत है कि संसार का आधार थोड़े या बहुत ब्रह्मचर्य या संयम के पालन पर है। इसी से जाहिर है कि वह आवश्यक और व्यावहारिक है।

यंग इंडिया, 29-4-'26

ब्रह्मचर्य के अनेक साधक इसलिए असफल होते हैं कि अपनी अन्य

इंद्रियों का उपयोग करते समय वे उन लोगों का-सा आचरण करते रहना चाहते हैं जो ब्रह्मचारी नहीं है। इसलिए उनका प्रयत्न ठीक ऐसा ही है जैसा झुलसाने वाली गर्मी के दिनों में कड़ाके का जाड़ा अनुभव करने का प्रयत्न करना। ब्रह्मचारी और अब्रह्मचारी के जीवन में स्पष्ट भेद होना चाहिये। दोनों के बीच जो सादृश्य है वह केवल ऊपरी है। भेद सूर्यप्रकाश की भांति स्पष्ट होना चाहिये। आंख का उपयोग दोनों करते हैं। पर ब्रह्मचारी देवदर्शन करता है, भोगी खेल-तमाशे में ही लीन रहता है। दोनों अपने कानों का उपयोग करते हैं। परन्तु जहां एक केवल ईश्वर के गुणगान सुनता है, वहां दूसरा शृंगारिक गीतों का अनुरागी होता है। जागरण दोनों करते हैं। परन्तु जहां एक अपना समय प्रार्थना में बिताता है, वहां दूसरा उसे विनाशकारी नाच-रंग में बरबाद करता है। भोजन दोनों करते हैं। परन्तु एक देहरूपी देव-मंदिर को अच्छी हालत में रखने के लिए खाता है, तो दूसरा ठूंस-ठूंसकर खाता है और इस पवित्र मन्दिर को गंदा बनाता है। इस प्रकार दोनों के आचार-विचार में जमीन-आसमान का फर्क होता है और यह फर्क समय के साथ घटने के बजाय बढ़ता जाता है।

ब्रह्मचर्य का अर्थ है मन, वचन और कर्म से सब इंद्रियों का संयम। मैंने जिस प्रकार के संयम का ऊपर वर्णन किया है उसकी आवश्यकता मैं अधिकाधिक अनुभव कर रहा हूं। जैसे ब्रह्मचर्य की संभावनाओं की कोई सीमा नहीं है, वैसे ही त्याग की संभावनाओं की भी कोई सीमा नहीं है। अल्प प्रयत्न के द्वारा ऐसा ब्रह्मचर्य सिद्ध करना असंभव है। बहुतों के लिए वह केवल आदर्श ही रहेगा। ब्रह्मचर्य के साधक को सदा अपनी त्रुटियों का भान होता है। वह अपने हृदय के भीतरी कोनों में छिपे हुए विकारों को ढूंढ़ निकालेगा और उनसे मुक्त होने का सतत् प्रयत्न करेगा। जब तक विचार पर हमारा इतना इतना काबू नहीं हो जाता कि इच्छा के बिना एक भी विचार मन में न उठे, तब तक ब्रह्मचर्य पूर्ण नहीं होगा। विचारमात्र विकार है। उसका नियंत्रण करना हो तो मन का नियंत्रण करना होगा। और मन का नियंत्रण वायु के नियंत्रण से भी अधिक कठिन है। फिर भी अन्तर्यामी ईश्वर के होने से मन का नियंत्रण भी संभव हो जाता है। कोई यह न सोचे कि चूंकि यह मुश्किल है इसलिए नामुमकिन है। वह सर्वोच्च लक्ष्य है; और कोई आश्चर्य की बात नहीं, यदि उसकी प्राप्ति के लिए सर्वोच्च प्रयत्न आवश्यक हो।

परन्तु यह बात भारत में आने के बाद ही मेरी समझ में अच्छी तरह आई कि इस प्रकार का ब्रह्मचर्य केवल मानव-प्रयत्न से ही सिद्ध नहीं हो सकता।

उस समय तक मुझे यह भ्रम था कि फलाहार से ही सब विकार नष्ट हो जाते हैं और मैं अभिमानपूर्वक यह मान बैठा था कि मुझे इसके लिए और कुछ नहीं करना है।

परन्तु अपने इस संघर्ष का वर्णन मैं यथास्थान आगे करूंगा। इस बीच मैं यह स्पष्ट कर दूं कि जो लोग ईश्वर-साक्षात्कार की दृष्टि से ब्रह्मचर्य का पालन करना चाहते हैं, उन्हें निराश होने की जरूरत नहीं, बशर्ते कि उन्हें ईश्वर पर उतनी ही श्रद्धा हो जितनी अपने प्रयत्न पर:

विषया विनिवर्तन्ते निराहारस्य देहिन:।

रसवर्ज रसोऽप्यस्य परं दृष्ट्वा निवर्तते।।

(निराहारी मनुष्य के विषय तो शान्त हो जाते हैं, मगर उनका स्वाद बाकी रह जाता है। परमेश्वर का साक्षात्कार हो जाने पर वह स्वाद भी बाकी नहीं रहता।)

इसलिए मोक्षार्थी के लिए उसका नाम और उसका अनुग्रह ही अंतिम साधन है। यह सत्य मेरे भारत लौटने के बाद ही मुझ पर प्रगट हुआ।

आत्मकथा (अंग्रेजी) 1948; पृ० 258-260

मेरे लिए शारीरिक ब्रह्मचर्य का पालन भी कठिनाईयों से भरा रहा है। आज मैं कह सकता हूं कि मैं अपने को काफी सुरक्षित महसूस करता हूं। परन्तु मुझे अभी तक अपने विचारों पर पूरा प्रभुत्व प्राप्त करना बाकी है और वह बहुत जरूरी है। यह बात नहीं है कि इसमें इच्छा या कोशिश की कमी है। परन्तु मेरे लिए अभी तक यह एक समस्या ही है कि अवांछनीय विचारों के बुरे हमले हम पर कहां से होते हैं। मुझे इसमें शंका नहीं कि अवांछनीय विचारों को दूर रखने की भी कोई कुंजी है। परन्तु वह हर एक को अपने-अपने लिए खुद ही ढूंढ़ लेनी होती है। संत और ऋषि हमारे लिए अपने अनुभव छोड़ गये हैं, मगर उन्होंने हमें कोई अचूक और सार्वत्रिक नुस्खा नहीं दिया है। पूर्णता या दोषमुक्ति भगवान की कृपा से ही आती है। और ईश्वर की खोज करने वाले हमारे लिए रामनाम जैसे मंत्र छोड़ गये हैं, जो उनकी तपस्या से पुनीत और उनकी पवित्रता से परिपूर्ण हैं। संपूर्ण ईश्वरार्पण के बिना विचारों पर पूरा प्रमुख होना असंभव है। प्रत्येक महान धर्मग्रंथ की यही शिक्षा है और संपूर्ण ब्रह्मचर्य के अपने प्रयत्न के हर क्षण में मुझे इस सत्य का अनुभव हो रहा है।

आत्मकथा (अंग्रेजी) 1948; पृ० 388

मुझे स्वीकार करना पड़ेगा कि ब्रह्मचर्य के नियम का पालन ईश्वर में सजीव श्रद्धा के बिना असंभव है और ईश्वर सजीव सत्य है। आजकल तो ईश्वर को जीवन में कोई स्थान न देने का और यह आग्रह रखने का कि ईश्वर में सजीव श्रद्धा रखे बिना ही सर्वोच्च प्रकार का जीवन प्राप्त किया जा सकता है फैशन चल पड़ा है। मुझे स्वीकार करना होगा कि जो लोग अपने से अनन्तगुनी किसी उच्च सत्ता में विश्वास नहीं रखते और उसकी जरूरत नहीं समझते, उन्हें मैं यह बात नहीं समझा सकता। मेरा अपना अनुभव तो मुझे इसी ज्ञान पर ले जाता है कि किसी ऐसे सजीव नियम में, जिसके आदेश पर सारा विश्व चलता है, अटल विश्वास हुए बिना संपूर्ण जीवन असंभव है। इस श्रद्धा के बिना मनुष्य ऐसा ही है जैसी कि महासागर से निकालकर बाहर फेंक दी गयी एक बूंद, जो नष्ट होकर ही रहती है। लेकिन महासागर में रहने वाली प्रत्येक बूंद उसकी महानता की हिस्सेदार होती है और हमें प्राणवायु देने का गौरव प्राप्त करती है।

हरिजन, 25-4-'36

36

विवाह एक धार्मिक संस्कार है

बेशक मनुष्य एक कलाकार और सृष्टा है। बेशक उसे सौन्दर्य और इसलिए रंग अवश्य चाहिये। उसकी उत्तम कोटि की कलात्मक और सृजनकारी प्रकृति ने उसे यह विवेक करना और जानना सिखाया कि रंगों का कैसा भी मेल सौन्दर्य का चिह्न नहीं है। और न हर तरह का आनन्द ही अपने-आप में अच्छा है। कला की उसकी दृष्टि ने मनुष्य को उपयोगिता में आनन्द लेना सिखाया। इस प्रकार उसने अपने विकास की प्रारम्भिक स्थिति में यह सीखा कि उसे खाने के लिए ही नहीं खाना है, जैसे हममें से कुछ लोग अब तक करते हैं, परन्तु उसे जी सकने के लिए खाना चाहिये। आगे चलकर उसने यह भी सीखा कि जीने के लिए ही जीने में न सौन्दर्य है और न आनन्द है। परन्तु उसे अपने भाईयों की और उनके द्वारा अपने प्रभु की सेवा के लिए जीना चाहिये। इसी प्रकार जब उसने संभोग की क्रिया से होने वाले आनन्द पर विचार किया तो उसे मालूम हुआ है कि अन्य इंद्रियों की भांति जननेन्द्रिय का भी उपयोग और दुरुपयोग हो सकता है और उसने देख लिया कि उसका सच्चा उपयोग उसे प्रजनन तक ही सीमित रखना है। उसने समझ लिया कि उस इंन्द्रिय का इसके सिवा और कोई उपयोग असुन्दर है और उसने यह भी समझ लिया कि इसके व्यक्ति और मानव-जाति दोनों के लिए बहुत गंभीर परिणाम हो सकते हैं।

हरिजन, 4-4-'36

आध्यात्मिकता के अर्थ में मानव-समाज का सतत् विकास होता रहता है। अगर ऐसी बात है तो उसका आधार यह होना चाहिये कि इंद्रियों की इच्छाओं

पर अधिकाधिक संयम रखा जाए। इस दृष्टि से विवाह को एक ऐसा धार्मिक संस्कार समझना चाहिये, जो पति और पत्नी दोनों पर अमुक अनुशासन डालता है; इस अनुशासन के अनुसार वे शारीरिक संभोग अपने ही बीच कर सकते हैं, वह भी केवल सन्तानोत्पादन की गरज से और उसी हालत में जब वे दोनों उस काम के लिए तैयार और इच्छुक हों।

यंग इंडिया, 16-9-'26

संतति-निरोध की आवश्यकता के बारे में दो रायें नहीं हो सकतीं। परन्तु उसके लिए प्राचीन काल से ब्रह्मचर्य या संयम ही एकमात्र उपाय चला आया है। यह एक अचूक और श्रेष्ठ उपाय है, जो उस पर अमल करने वालों को फायदा पहुंचाता है और अगर डॉक्टर लोग संतति-निरोध के कृत्रिम साधन खोजने के बजाय संयम के साधनों का पता लगायेंगे तो मानव-जाति उनकी आभारी होगी।

यंग इंडिया, 12-3-'25

कृत्रिम उपाय बुराई को प्रतिष्ठा प्रदान करने के बराबर हैं। उनसे पुरुष और स्त्री लापरवाह हो जाते हैं और इन उपायों को को प्रतिष्ठा प्रदान की जा रही है, उससे वे पाबन्दियां जल्दी ही मिट जाएंगी जो लोकमत ने हम पर लगा रखी है। कृत्रिम उपयों को अपनाने का नतीजा नंपुसकता और निर्वीर्यता ही होगा। यह इलाज रोग से भी बुरा साबित होगा।

यंग इंडिया, 12-3-'25

अपने कृत्यों के परिणामों से बचने की कोशिश करना गलत और अनैतिक है। जो आदमी ज्यादा खा ले उसके लिए यही अच्छा है कि उसके पेट में दर्द ही और वह उपवास करके उस दर्द से मुक्त हो। वह स्वाद के लोभ में खूब डटकर खाये और फिर पौष्टिक अथवा अन्य औषधियां लेकर परिणाम से बच निकले, यह उसके लिए अच्छा नहीं है। यह तो और भी बुरा है कि वह अपने काम-विकारों का पोषण और भोग करे और फिर अपने कृत्यों के फल से बच जाए। प्रकृति क्षमाशील नहीं है। वह अपने नियमों के उल्लंघन का पूरा बदला लेती है। नैतिक परिणाम नैतिक प्रतिबंधों से ही आ सकते हैं। अन्य सब प्रतिबंधों से वह उद्देश्य ही विफल हो जाता है, जिसके लिए वे प्रतिबन्ध लगाये जाते हैं।

यंग इंडिया, 12-3-'25

संसार के अस्तित्व का अधार प्रजनन-क्रिया पर है और चूंकि संसार ईश्वर की लीला-भूमि और उसके गौरव का प्रतिबिम्ब है, इसलिए संसार के व्यवस्थित विकास के लिए प्रजनन-क्रिया पर नियंत्रण होना चाहिये।

आत्मकथा (अंग्रेजी) 1948; पृ० 241

कामेच्छा एक बढ़िया और उदात्त वस्तु हैं। इसमें शर्मिन्दा होने की कोई बात नहीं। परन्तु वह सृजन-कार्य के लिए ही बनाई गई है। उसका और कोई उपयोग करना ईश्वर और मानवता के प्रति पाप है।

हरिजन, 28-3-'46

अवांछित सन्तान पैदा करना पाप है, परन्तु मेरे ख़्याल से अपने काम़ के नतीजे से बचना और भी बड़ा पाप है। वह मानव को अमानव बनाता हैं।

हरिजन, 7-9-'35

मनुष्य को दो में से एक रास्ता चुनना होगा: नीचे का या ऊपर का; परन्तु चूंकि उसमें पशुत्व है वह ऊर्ध्वगति के बजाय अद्योगति अधिक आसानी से पसन्द करेगा, खास तौर पर जब अद्योगति का मार्ग उसके सामने किसी सुन्दर वेश में पेश किया जाए। जब पाप मनुष्य के आगे धर्म के रूप में रखा जाता है, तो वह उसके सामने आसानी से घुटने टेक देता हैं; और मेरी स्टोप्स तथा अन्य लोग यही कर रहे हैं।

हरिजन, 31-1-'35

37

अपरिग्रह का धर्म

कोई सत्य का साधक, प्रेम-धर्म का उपासक कल के लिए कुछ भी बचाकर नहीं रख सकता। ईश्वर अगले दिन के लिए कभी व्यवस्था नहीं करता। जितनी चीज की रोज जरूरत होती है उससे जरा भी ज्यादा वह पैदा नहीं करता। इसलिए यदि हमें उसकी दया में विश्वास है तो हमें भरोसा रखना चाहिये कि वह हमें हमारी रोटी रोज देता रहेगा।.... रोज के लिए जितना चाहिये उतना रोज पैदा करने के ईश्वरीय नियम को हम जानते नहीं हैं, या जानते हुए भी पालते नहीं है, इसीलिए दुनिया में विषमता और उससे उत्पन्न होने वाले तमाम दु:ख हम भोगते हैं। धनवानों के पास जिन चीजों की उन्हें जरूरत नहीं होती उनके फालतू भंडार जमा हो जाते हैं, जिनकी उपेक्षा होती है और दुर्व्यय होता है; उधर लाखों लोग इन वस्तुओं के अभाव में भूख और ठंड से मर जाते हैं। अगर प्रत्येक के पास उतना ही हो जितनी उसकी आवश्यकता है, तो किसी को अभाव नहीं रहेगा और सब संतोषपूर्वक रहेंगे। आज जो स्थिति है उसमें जितने असंतुष्ट गरीब हैं उतने ही अमीर भी है। गरीब आदमी लखपति होना चाहता है और लखपति करोड़पति बनना चाहता है। गरीबों को जब केवल पेट-भर खाने को मिलता है तो वे अक्सर असंतुष्ट रहते हैं, परन्तु इसे पाने का उन्हें स्पष्ट अधिकार है और समाज को यह देखना ही चाहिये कि उन्हें पेट-भर खाना जरूर मिल जाए। अमीरों को इस मामले में पहल करनी पड़ेगी, ताकि संतोष की भावना सब जगह फैल जाए। अगर वे अपनी संपत्ति सौम्य मर्यादा में ही रखने लगें तो भी गरीबों को आसानी से खाने को मिल जाए और गरीब तथा अमीर दोनों संतोष का पाठ सीखें। अपरिग्रह के आदर्श की पूर्ण प्राप्ति के लिए मनुष्य के पास पक्षियों की तरह न कोई

मकान होना चाहिये, न कपड़ा और न आगे के लिए खाद्य भंडार। अवश्य ही उसे अपनी रोज की रोटी की जरूरत होगी, परन्तु उसका बन्दोबस्त करना उसका नहीं, ईश्वर का काम है। परन्तु इस आदर्श को बिरली ही आत्माएं सिद्ध कर सकती है। हम साधारण साधक तो इसे सतत् दृष्टि में ही रख सकते हैं और उसके प्रकाश में अपनी संपत्ति की कड़ी जांच-पड़ताल करके उसे रोज घटाने की कोशिश कर सकते हैं। सच्चे अर्थ में सभ्यता जरूरतें बढ़ाने में नहीं, उन्हें जानबूझ कर और स्वेच्छापूर्वक घटाने में है। इससे सच्चा सुख और संतोष उत्पन्न होता है और सेवा की शक्ति बढ़ती है। मनुष्य अपनी जरूरतें दीर्घ प्रयत्न से कम कर सकता है और जरूरतें घटाने से सुख की- स्वस्थ शरीर और शांत मन की प्राप्ति होती है। शुद्ध सत्य की दृष्टि से शरीर भी आत्मा द्वारा अर्जित संपत्ति है। भोग की लालसा से हमने यह शरीर रूपी परिग्रह पैदा किया है और उसे कायम रखे हुए हैं। जब वह लालसा नहीं रहेगी, तब इस शरीर की भी आवश्यकता नहीं रहेगी और मनुष्य जन्म-मरण के कुचक्र से छूट जाएगा। आत्मा सर्वव्यापी है; वह इस शरीर रूपी पिंजड़े में बन्द रहना या बुराई करना और इस पिंजड़े के खातिर हत्या तक करना क्यों पसन्द करेगा? इस प्रकार हम पूर्ण त्याग के आदर्श पर पहुंचकर जब तक शरीर है तब तक शरीर का सेवा के लिए उपयोग करना सीखते हैं, यहां तक कि रोटी के बजाय सेवा ही हमारे जीवन का सहारा बन जाती है। तब हमारा खाना, पीना-सोना जागना- सब सेवा के लिए हो जाता है। इससे हमें वास्तविक सुख और समय पाकर सत्य का दर्शन प्राप्त होता है। हम सबको अपने परिग्रह का जिस दृष्टि से विचार कर लेना चाहिये।

हमें याद रखना चाहिये कि अपरिग्रह ऐसा सिद्धान्त है जो वस्तुओं और विचारों, दोनों पर लागू हो सकता है। जो अपने मस्तिष्क को निरर्थक जानकारी से भरता है, वह इस अमूल्य सिद्धान्त का भंग करता है। जो विचार हमें ईश्वर से विमुख करते हैं या उसकी ओर प्रवृत्त नहीं करते, वे ऐसी रुकावटें हैं जिन्हें हमें जल्दी ही दूर कर देना चाहिये। इस संबंध में हम ज्ञान की उस व्याख्या का विचार कर सकते हैं जो गीता के 13 वें अध्याय में दी गई है। वहां हमें बताया गया है कि 'अमानित्व' आदि ज्ञान है और बाकी सब कुछ अज्ञान है और इसलिए कोई लाभ पहुंचाने के बजाय हानि ही करता है। उससे मन इधर-उधर भटकता है और अन्त में खाली तक हो जाता है; असंतोष फैलता है और अनर्थ बढ़ता है। कहने की आवश्यकता नहीं कि यह कोई जड़ता का

समर्थन नहीं है। हमारे जीवन का हर क्षण प्रवृत्तिमय होना चाहिये, परन्तु वह प्रवृत्ति सात्त्विक और सत्योन्मुख हो। जिसने अपना जीवन सेवा के लिए अर्पण कर दिया है, वह क्षण भर भी निष्क्रिय नहीं रह सकता। परन्तु हमें सत्कर्म और दुष्कर्म में भेद करना सीखना चाहिये। एकनिष्ठ भावना के साथ यह विवेक अपने-आप आ जाता है।

मंगल-प्रभात, अध्याय 6

इसलिए सब कुछ छोड़कर उसे ईश्वरार्पण कर दो और फिर जीवन जिओ। इस प्रकार जीने का अधिकार त्याग से आता है। वह यह नहीं कहता: 'जब सब अपने-अपने हिस्से का काम करेंगे तब मैं भी करूंगा।' वह कहता है, 'दूसरों की चिन्ता न करो, अपना काम पहले करो और बाकी ईश्वर पर छोड़ दो।'

हरिजन, 6-3-'37

ईसा, मुहम्मद, बुद्ध, नानक, कबीर, चैतन्य, शंकर, दयानंद, रामकृष्ण सब ऐसे पुरुष थे, जिनका हजारों आदमियों पर जबरदस्त प्रभाव था; उन्होंने उनके चरित्र निर्माण किया। उनके होने से संसार समृद्ध हुआ है। और वे सब ऐसे पुरुष थे जिन्होंने गरीबी को जानबूझ कर अपनाया था।

'स्पीचेज़ एण्ड राइटिंग्स ऑफ महात्मा गांधी' (1933); पृ० 353

सुवुर्ण नियम... यह है कि जो चीज लाखों को नहीं मिल सकती उसे लेने से हम दृढ़तापूर्वक इंकार कर दें। यह इनकार करने की शक्ति हम पर अचानक आकाश से नहीं उतर आयेगी। पहली बात यह है कि ऐसी मनोवृत्ति पैदा की जाए जो उन वस्तुओं अथवा सुविधाओं को स्वीकार न करे जिनसे लाखों लोग वंचित हैं; और दूसरी तात्कालिक बात यह है कि हम अपने जीवन को जल्दी से जल्दी उस मनोवृत्ति के सांचे में ढालें।

यंग इंडिया, 24-6-'26

अगर हम आज की चिन्ता कर लेंगे तो कल की चिन्ता भगवान कर लेगा।

यंग इंडिया, 13-10-'21

38

काम ही पूजा है

"ब्रह्मा ने अपनी प्रजा को यज्ञ के साथ- उन पर यज्ञ का धर्म लागू करके- पैदा किया और कहा: इससे तुम सुखी और समृद्ध बनो। इससे तुम्हारी इच्छाएं पूरी हों। जो यज्ञ किये बिना खाता है वह चोरी की रोटी खाता है।" यही गीता का वचन है। बाइबिल कहती है: "अपने पसीने की कमाई खाओ।" यज्ञ कई प्रकार के हो सकते हैं। उनमें से एक रोटी के लिए परिश्रम भी है। अगर सब लोग केवल अपनी रोटी के लिए मेहनत करने लगें, तो सबके लिए काफी अन्न और काफी अवकाश होगा। तब यह पुकार नहीं होगी कि आबादी उचित से अधिक बढ़ रही है, न रोग होंगे और न आज की भांति दु:ख होगा। इस प्रकार का श्रम ऊंचे से ऊंचे दर्जे का यज्ञ होगा। अवश्य ही मनुष्य अपने शरीर द्वारा अथवा अपने मस्तिष्क द्वारा और बहुत सी बातें करेंगे, परन्तु वह सब प्रेमपूर्ण, सबकी भलाई के लिए किया गया श्रम होगा। फिर कोई गरीब, कोई अमीर, कोई नीचा, कोई ऊंचा, कोई छूत और कोई अछूत न होगा।

हरिजन, 19-6-'35

यह अप्राप्य आदर्श हो सकता है। परन्तु इसका यह मतलब न होना चाहिये कि हम उसके लिए कोशिश करना बन्द कर दें। अगर हम यज्ञ का संपूर्ण धर्म, जो हमारा जीवन धर्म है, पालन किये बिना अपनी रोटी के लिए भी काफी शरीर-श्रम कर ले तो हम लक्ष्य की ओर काफी आगे बढ़ेंगे।

हरिजन, 19-6-'35

अगर हमने ऐसा किया तो हमारी आवश्यकताएं कम से कम हो जाएंगी, हमारा भोजन सादा हो जाएगा। तब हम खाने के लिए न जीकर जीने के लिए

खायेंगे। जिसे इस वचन के ठीक होने में शंका हो वह अपनी रोटी के लिए पसीना बहाकर देख लें। उसे अपनी मेहनत के फल में अत्यंत स्वाद आयेगा, उसकी तन्दुरुस्ती सुधर जाएगी और उसे पता चलेगा कि बहुत सी चीजें जो वह लेता है फालतू है।

हरिजन, 19-6-'35

क्या लोग बौद्धिक श्रम से अपनी रोजी न कमायें? नहीं, शरीर की जरूरतें शरीर से ही पूरी होनी चाहिये। 'राजा का हक राजा को ही मिलना चाहिये' यह कहावत यहां भी लागू होती है। केवल मानसिक अर्थात् बौद्धिक श्रम आत्मा के लिए है और वह खुद ही अपना पुरस्कार है। उसका मुआवजा कभी नहीं मांगना चाहिये। आदर्श राज्य में डॉक्टर, वकील आदि अपने लिए काम न करके केवल समाज के लिए करेंगे।

रोटी के लिए श्रम के नियम का पालन समाज की रचना में शांत क्रान्ति कर देगा। मनुष्य की विजय तब हुई मानी जाएगी जब हमारे जीवन का नियामक उसूल जीवन-संग्राम के बजाय पारस्परिक सेवा की प्रतियोगिता हो जाए। तब पशु-धर्म का स्थान मानव-धर्म ले लेगा।

हरिजन, 29-6-'35

देहात में लौट चलने का अर्थ है रोटी के लिए श्रम के धर्म और उसके सारे फलितार्थों को साफ-तौर पर और स्वेच्छापूर्वक स्वीकार करना।

हरिजन, 29-6-'35

जो मनुष्य अपने मानव-बन्धुओं की सेवा करता है, उसके हृदय में ईश्वर स्वयं अपना निवास-स्थान बनाना चाहता है। उबू-बेन-आदम ऐसा हो आदमी था। उसने अपने मानव-बन्धुओं की सेवा की और इसलिए उसका नाम खुदा की बन्दगी करने वालों की सूची में सबसे ऊपर था।

यंग इंडिया, 24-9-'25

परन्तु दुःखी और पीड़ित कौन हैं? दलित और गरीबी के मारे लोग। इसलिए जो भक्त बनना चाहता है, उसे इन लोगों की तन-मन और आत्मा से सेवा करनी पड़ेगी। जो गरीबों के खातिर कातने तक का श्रम करने को तैयार

नहीं है और झूठे बहाने बनाता है, वह सेवा का अर्थ नहीं जानता। जो गरीबों के आगे कातता है और उन्हें भी कातने को कहता है वह ईश्वर की जो सेवा करता है वैसी और कोई नहीं करता। भगवद्गीता में भगवान कहते हैं, "जो मुझे फल-फूल या पत्ती की तुच्छ भेंट भी भक्ति वाले देता है वह मेरा भक्त है।" और ईश्वर के चरण वहां है जहां "गरीब, नीचे से नीचे और निराश्रित लोग' रहते हैं। इसलिए ऐसे लोगों के लिए कताई करना सबसे बड़ी प्रार्थना, सबसे बड़ी पूजा, सबसे बड़ा यज्ञ है।

यंग इंडिया, 24-9-'25

प्रश्नः क्या मनुष्य के लिए यह बेहतर नहीं होगा कि जो समय वह ईश्वर की पूजा में खर्च करता है उसे गरीबों की सेवा में लगाये? और क्या ऐसे आदमी के लिए सच्ची सेवा के कारण पूजा-पाठ अनावश्यक नहीं हो जाता?

उत्तरः मुझे इस प्रश्न में मानसिक आलस्य और नास्तिकता दोनों की गंध आती है। बड़े से बड़े कर्मयोगी भी भजन-कीर्तन या पूजा नहीं छोड़ते। आदर्श की दृष्टि से यह कहा जा सकता है कि दूसरों की सच्ची सेवा स्वयं पूजा है और ऐसे भक्तों को भजन आदि में समय खर्च करने की जरूरत नहीं। लेकिन असल बात यह है कि भजन आदि सच्ची सेवा में सहायक होते हैं और भक्त के हृदय में ईश्वर की याद ताजा बनाये रहते हैं।

हरिजन, 13-10-'46

कोई भी काम, जो ईश्वर के नाम पर और उसे समर्पित करके किया जाता है, छोटा नहीं होता। इस प्रकार किये हुए सभी कार्यों का पुण्य समान होता है। एक भंगी, जो ईश्वर की सेवा के लिए काम करता है और एक राजा, जो उसकी दी हुई वस्तुओं को उसके नाम पर और केवल संरक्षक बनकर काम में लेता है, दोनों का दर्जा बराबर है।

यंग इंडिया, 25-11-'26

इससे अधिक उदात्त या अधिक राष्ट्रीय किसी वस्तु की मैं कल्पना नहीं कर सकता कि हम सब रोज घंटे भर वही परिश्रम करें जो गरीबों को करना होता है और इस प्रकार उनके साथ और उनके द्वारा सारी मानवजाति के साथ तादात्म्य स्थापित करें। मैं इससे अच्छी ईश्वर-पूजा के बारे में सोच नहीं सकता

कि जैसे गरीब मेहनत करते हैं वैसे ही मैं भी ईश्वर के नाम पर गरीबों के लिए मेहनत करूँ।

यंग इंडिया, 20-10-'21

काम पर जितना जोर दिया जाए उतना हमेशा अच्छा है। मैं केवल गीता का सिखाया हुआ धर्म ही दोहरा रहा हूं। भगवान कहते हैं, 'अगर मैं सतत जागरूक रहकर सदा काम न करता रहूं, तो मैं मानव-जाति के लिए गलत उदाहरण स्थापित करूंगा।'

हरिजन, 2-11-'35

जब तक एक भी सशक्त स्त्री या पुरुष बेकार या भूखा रहे, तब तक हमें आराम लेने या भरपेट भोजन करने में शर्म आनी चाहिये।

यंग इंडिया, 6-10-'21

सेवा तब तक संभव नहीं, जब तक उसका मूल प्रेम या अहिंसा न हो। सच्चा प्रेम महासागर की तरह असीम होता है और अपने भीतर उठता और बढ़ता हुआ बाहर फैल जाता है तथा सब सीमाओं और सरहदों को पार करके सारे जगत पर छा जाता है। साथ ही यह सेवा रोटी के लिए श्रम के बिना भी संभव नहीं। गीता में इसी को यज्ञ का नाम दिया गया है। जब कोई पुरुष या स्त्री सेवा के खातिर शरीर-श्रम करे तभी उसे जीने का हक हासिल होता है।

यंग इंडिया, 20-9-'28

39

सर्वोदय

यह शरीर.... हमें इसलिए दिया गया है कि उससे हम सारी सृष्टि की सेवा कर सकें और इसलिए गीता कहती है कि जो यज्ञ किये बिना खाता है वह चोरी करता है। जो शुद्धता का जीवन बिताना चाहता है, उसका हर एक काम यज्ञरूप* होना चाहिये। यज्ञ हमें जन्म से ही प्राप्त होता है, इसलिए हम जीवनभर ऋणी रहते हैं और इस प्रकार विश्व की सेवा करना सदा ही हमारा कर्तव्य है। जिस प्रकार दास को अपने स्वामी से, जिसकी वह सेवा करता है, अन्न-वस्त्रादि प्राप्त होते है, उसी प्रकार हमें भी जगन्नियता से जो भी दान मिल जाए उसे कृतज्ञतापूर्वक स्वीकार करना चाहिये। जो कुछ हमें मिले उसे भगवान का दान मानकर ही हमें लेना चाहिये, क्योकि कर्जदार होने के कारण हमें अपने कर्तव्य-पालन का कोई मुआवजा पाने का हक नहीं है। इसलिए अगर हमें वह न मिले तो हम मालिक को दोष न दें। हमारा शरीर उसका है, वह चाहे तो इसे रखे और न चाहे तो फेंक दे। यह कोई शिकायत या दया की भी बात नहीं; बल्कि अगर हम ईश्वर की योजना में हमारा उचित स्थान क्या है, इस बात को ठीक समझ लें तो यह एक स्वाभाविक और सुखद एवं वांछनीय स्थिति

---

*यज्ञ का अर्थ है, यह गांधीजी पिछले एक अध्याय में समझा चुके है। वे कहते हैं: ''यज्ञ वह कर्म है जो दूसरों की भलाई के लिए किया जाए और जिसमें सांसारिक या आध्यात्मिक किसी भी प्रकार के बदले की इच्छा न हो। 'कर्म' का यहां अत्यंत व्यापक अर्थ करना चाहिये और उसमें शारीरिक कर्म की तरह ही मानसिक और वाचिक को भी सम्मिलित मानना चाहिये। 'दूसरों' में न सिर्फ मानव-जाति को, बल्कि प्राणीमात्र को समझना चाहिये। इसलिए और अहिंसा की दृष्टि से मानव-जाति की सेवा के ख्याल से भी नीची श्रेणी के प्राणियों का बलिदान करना यज्ञ नहीं है।''

है। यदि हम इस परम आनन्द का अनुभव करना चाहते हैं, तो हमें वास्तव में प्रबल श्रद्धा की जरूरत होगी। "अपने बारे में जरा भी चिन्ता न करो, सब चिन्ता ईश्वर पर छोड़ दो।".... सब धर्मों का यही आदेश मालूम होता है।

इससे किसी को डर जाने की जरूरत नहीं। जो शुद्ध अन्तःकरण से सेवा में लगता है, वह दिन-दिन इसकी अधिकाधिक जरूरत समझेगा और उसकी श्रद्धा में सतत् बुद्धि होती रहेगी। जो स्वार्थ को छोड़ने और मनुष्य जन्म की शर्त- यज्ञ की आवश्यकता को स्वीकार करने के लिए तैयार नहीं है, उसके लिए सेवा का मार्ग दुर्गम है। जाने-अनजाने हम सब कोई न कोई सेवा अवश्य करते हैं। अगर हम जानबूझ कर सेवा करने की आदत डालें, तो सेवा की हमारी इच्छा बराबर प्रबल होती जाएगी और उससे हमारा अपना ही नहीं, सारे संसार का सुख भी बढ़ेगा।

मंगल-प्रभात, अध्याय 14

अहिंसा का पुजारी अधिक से अधिक लोगों की अधिक से अधिक भलाई के उपयोगितावादी सूत्र का स्वीकार नहीं कर सकता। वह सबकी अधिक से अधिक भलाई का प्रयत्न करेगा और इस आदर्श की सिद्धि के प्रयत्न के प्राण भी दे देगा। इसलिए वह दूसरों को जिन्दा रखने के लिए खुद मरने को तैयार रहेगा। वह खुद मरकर दूसरों के साथ-साथ अपनी भी सेवा करेगा। अन्त में तो सबकी अधिक से अधिक भलाई में अधिक से अधिक लोगों की भलाई शामिल ही है और इसलिए बहुत-सी बातों में उसका और उपयोगितावादी का मेल ही रहेगा। परन्तु ऐसा समय आ जाता है जब दोनों को जुदा होना पड़ता है; और विरोधी दिशाओं में भी काम करना पड़ता है। उपयोगितावादी अगर अपने तर्क का अनुगमन करेगा तो कभी अपने को कुर्बान नहीं करेगा।

यंग इंडिया, 9-12-'26

मैं नहीं मानता... कि कोई व्यक्ति तो आध्यात्मिक प्रगति करता रहेगा और उसके पड़ोसी कष्ट भोगते रहेंगे। मेरा अद्वैत में विश्वास है। मैं मनुष्य-जाति की ही नहीं प्राणीमात्र की एकता को मानता हूं। इसलिए यदि एक आदमी को आध्यात्मिक लाभ होता है तो उसके साथ-साथ सारी दुनिया को भी होता है; और अगर एक मनुष्य गिरता है तो उस हद तक समस्त जगत का भी पतन होता है।

यंग इंडिया, 4-12-'24

कोई भी गुण ऐसा नहीं है, जिसका लक्ष्य एक ही व्यक्ति की भलाई हो या जिसे एक ही व्यक्ति की भलाई से संतोष हो जाए। इसी प्रकार एक भी अपराध ऐसा नहीं है, जिसका वास्तविक अपराधी के अलावा दूसरे अनेक लोगों पर असर न पड़ता हो। इसलिए कोई व्यक्ति अच्छा है या बुरा, यह सिर्फ उसके विचार का ही विषय नहीं है, बल्कि सारे समाज की- नहीं, सारी दुनिया की चिन्ता का विषय है।

'ऐथिकल रिलीजन' (1927); **पृ० 55**

सेवामय जीवन में नम्रता होनी ही चाहिये। जो दूसरों के लिए अपना जीवन कुर्बान कर देना चाहता है, उसके पास यह सोचने का समय ही नहीं होगा कि उसके लिए कोई उच्च स्थान सुरक्षित रहे। लेकिन जैसा कि हिन्दू धर्म में भूल से मान लिया गया है, जड़ता को नम्रता नहीं समझ बैठना चाहिये। सच्ची नम्रता का अर्थ यह है कि एकमात्र मानव-सेवा के उद्देश्य से सतत और अत्यंत परिश्रमपूर्ण प्रयत्न जारी रहे। ईश्वर क्षणभर भी आराम लिये बिना कर्म करता रहता है। अगर हम उसकी सेवा करना चाहते हैं या उसके साथ एकरूप होना चाहते हैं तो हमारा कर्म उसी तरह अविश्रान्त होना चाहिये।

मंगल-प्रभात, अध्याय 12

समुद्र से अलग हुई बूंद के लिए क्षण-भर का आराम हो सकता है, परन्तु जो बूंद समुद्र में है उसके लिए कोई विश्राम नहीं होता। हमारी अपनी भी यही बात है। ज्यों ही हम ईश्वररूपी समुद्र के साथ एक हो जाते हैं, त्यों ही हमारे लिए कोई आराम नहीं रह जाता। असल में फिर हमें आराम की जरूरत ही नहीं रहती। हमारी निद्रा भी कर्म है, क्योंकि हम हृदय में ईश्वर का ध्यान करते हुए सोते हैं। यह अविश्राम ही सच्चा विश्राम है। इस अविश्रान्त बेचैनी में ही अमिट शांति कुंजी है। संपूर्ण समर्पण की इस परम अवस्था का वर्णन करना कठिन है, परन्तु वह मानव-अनुभव की परिधि के बाहर नहीं है। अनेक समर्पित आत्माओं ने इसे प्राप्त किया है और हम भी प्राप्त कर सकते हैं।

मंगल-प्रभात, अध्याय 12

40

अणु-बम और अहिंसा

अमरीकी मित्रों का कहना है कि अणु-बम से अहिंसा जितनी जल्दी आयेगी उतनी और किसी तरह नहीं आ सकती। यह बात सही मानी जा सकती है, अगर इसका मतलब यह हो कि अणु-बम की विनाशक शक्ति से संसार को इतनी घृणा हो जाएगी कि वह फिलहाल हिंसा से मुंह मोड़ लेगा। लेकिन यह तो वैसा ही है जैसे कोई आदमी पहले तो अपना पेट मिठाईयों से इतना ठूंस-ठूंस कर भर ले कि उसे मत ली होने लगे ओर उनसे विमुख हो जाए, मगर ज्यों ही मतली का असर मिट जाए त्यों ही फिर दुगुने जोश के साथ मिठाईयां खाने बैठ जाए। ठीक इसी प्रकार जब घृणा का असर मिट जाएगा, तब संसार फिर नये उत्साह से हिंसा की तरफ दौड़ेगा।

कई बार बुराई से भलाई निकल आती है। परन्तु यह ईश्वर की योजना है, मनुष्य की नहीं। मनुष्य तो यही जानता है कि जैसे भलाई से भलाई पैदा होती है, वैसे बुराई से बुराई ही उत्पन्न हो सकती है।

बेशक यह संभव है कि यद्यपि अमरीकी वैज्ञानिकों और सेना के लोगों ने अणु-शक्ति का उपयोग विनाश के लिए किया है, तो भी दूसरे वैज्ञानिक उसका उपयोग मानव-सेवा के कामों में कर लें। परन्तु अमरीकी भाईयों के उपरोक्त कथन का यह मतलब नहीं था। वे इतने भोले नहीं थे कि कोई ऐसा सवाल पूछते जिसका उत्तर स्पष्ट हो। आग लगाने वाला आग का उपयोग विनाशक और घृणित हेतु से करता है, जब कि गृहस्वामिनी उसका उपयोग रोज मानव-जाति के लिए पौष्टिक भोजन तैयार करने में करती है।

जहां तक मुझे दिखाई देता है, अणु-बम ने उस श्रेष्ठ भावना की हत्या कर दी है जो युगों से मानव-जाति का आधार रही है। लड़ाई के कुछ नियम हुआ करते थे, जिनसे वह सह्य बनी हुई थी। अब हम नग्न सत्य जान गये हैं। अब

ताकत के सिवा युद्ध का कोई कानून नहीं रहा। अणु-बम से मित्र राष्ट्रों की थोथी जीत तो हो गई, पर साथ ही उसने थोड़े वक्त के लिए तो जापान की आत्मा का खून कर दिया है। विनाशक राष्ट्र की आत्मा का क्या हुआ, यह अभी नहीं देखा जा सकता। प्रकृति की शक्तियां रहस्यमय ढंग से काम करती है। हम तो इस रहस्य को इसी प्रकार की घटनाओं के ज्ञात परिणामों के सहारे ही समझ सकते हैं। अपने या अपने प्रतिनिधि को गुलामी के पिंजड़े में रखे बिना कोई आदमी किसी को गुलाम नहीं रख सकता। कोई यह कल्पना न कर ले कि जापान ने अपनी अशोभनीय महत्त्वाकांक्षा की पूर्ति के लिए जो कुकृत्य किये, उनकी मैं कोई सफाई देना चाहता हूं। फर्क केवल मात्रा का था। मैं मान लेता हूं कि जापान का लोभ अधिक अनुचित था। परन्तु इस अधिक अनौचित्य के कारण कम अनौचित्य वाले पक्ष को यह हक हासिल नहीं हो जाता कि किसी विशेष इलाके में वह जापान के मर्दों, औरतों और बच्चों का नाश कर डाले।

बम की इस अत्यन्त करुण दुर्घटना से हमें सबक तो यह सीखना है कि जैसे प्रतिहिंसा से हिंसा नष्ट नहीं होती वैसे ही जवाबी बमों से अणु-बम नष्ट नहीं होगा। मानव-जाति को अहिंसा के द्वारा ही हिंसा से छुटकारा पाना होगा। घृणा को प्रेम से ही जीता जा सकता है। बदले में घृणा करने से घृणा का विस्तार और गहराई दोनों बढ़ते ही है। मुझे मालूम है कि मैंने पहले कई बार जो कहा है कि और जिसका अपनी योग्यता और शक्ति के अनुसार अमल किया है, उसी को मैं दोहरा रहा हूं। मैंने जो कुछ पहले कहा था वह भी कोई नई बात नहीं थी। वह उतनी ही पुरानी थी जितनी यह सृष्टि पुरानी है। हां, मैंने किसी पुस्तकीय उपदेश को नहीं दोहराया था, परन्तु निश्चित रूप में उसी चीज की घोषणा की थी जो मैं मानता था कि मेरी रग-रग में समाई हुई है। जीवन के विविध क्षेत्रों में किये गये साठ साल के आचरण ने मेरा वह विश्वास दृढ़ ही किया है और मित्रों के अनुभव ने भी उसे बल पहुंचाया है। परन्तु यह एक ऐसा केन्द्रीय सत्य है, जिस पर आदमी अकेला भी अटल रह सकता है। मैक्समूलर ने वर्षों पहले कहा था: 'जब तक सत्य को न मानने वाले लोग मौजूद हैं, तब तक उसे बार-बार कहते रहने की जरूरत है।' मैं इस बात को मानता हूं।

हरिजन, 7-7-'46

41

संसार में शांति

यह मेरी पक्की राय है कि आज का यूरोप न तो ईश्वर की भावना का प्रतिनिधि है, न ईसाई धर्म की भावना का, बल्कि शैतान की भावना का प्रतीक है और शैतान की सफलता तब सबसे अधिक होती है, जब वह अपनी जबान पर खुदा का नाम लेकर सामने आता है। यूरोप आज नाममात्र को ही ईसाई है। वह सचमुच धन की पूजा कर रहा है। 'ऊंट के लिए सुई की नोक में होकर निकलना आसान है, मगर किसी धनवान का स्वर्ग में जाना मुश्किल है।' ईसा मसीह ने यह बात ठीक ही कही थी। उनके कथित अनुयायी अपनी नैतिक प्रगति को अपनी धन-दौलत से ही नापते हैं।

यंग इंडिया, 8-9-'20

ईसा के पर्वतीय उपदेश में आपको जो अमृत दिया गया है उसे आप शौक से खूब पीजिये। परन्तु फिर तो आपको तपस्वी का जीवन अपनाना होगा। वह उपदेश हम सबके लिए था। आप ईश्वर और धन-दौलत दोनों की सेवा नहीं कर सकते। करुणासागर और दयालु ईश्वर सहिष्णुता की मूर्ति है। वह धन-दौलत को चार दिन की चांदनी मनाने देता है। परन्तु मैं आपसे कहता हूँ ... कि शैतान की इस अपने-आप नष्ट होने वाली, किन्तु विनाश तड़क-भड़क से आप दूर भागिये।

यंग इंडिया, 8-12-'27

समय आ रहा है जब वे लोग, जो आज भ्रमवश यह समझ कर कि वे संसार के वास्तविक ज्ञान में वृद्धि कर रहे हैं अपनी जरूरतें दुगुनी-चौगुनी बढ़ाने की दौड़ में पागल होकर लगे हुए हैं, वापिस लौटेंगे और कहेंगे: 'हाँ!

हमने यह क्या किया?' सभ्यताएं आई और चली गई। और हम अपनी प्रगति का कितना भी घमण्ड क्यों न करें, मुझे बार-बार यह पूछने का लोभ होता है 'इससे लाभ क्या हुआ?' डार्विन के एक समकालीन वालेसने भी यही बात कही है। उसने कहा है कि पचास बरस के चमत्कारी आविष्कारों और अनुसंधानों ने मानव-जाति की नैतिक ऊंचाई में तिल भर भी वृद्धि नहीं की है। यही बात टॉल्स्टॉय ने कही, भले ही आप उसे स्वप्नदृष्टा और कल्पना के घोड़े दौड़ाने वाला समझ लीजिये। यही बात ईसा, बुद्ध और मुहम्मद ने कही है, जिनके धर्म पर आज मेरे अपने ही देश में कलंक लगाया जा रहा है।

यंग इंडिया, 8-12-'27

स्थायी शांति की संभावना में विश्वास न रखना मानव-स्वभाव की ईश्वरोन्मुखता पर अविश्वास करना है। आज तक के उपाय इसलिए बेकार साबित हुए हैं कि जिन लोगों ने कोशिश की है उनमें बुनियादी सच्चाई की कमी रही है। उन्होंने इस कमी को अनुभव कर लिया हो सो बात भी नहीं। जैसे किसी रासायनिक मेल का होना उसकी जरूरी शर्तों के संपूर्ण पालन के बिना असंभव है, उसी तरह शांति की शर्तों के अधूरे पालन से शांति नहीं हो सकती। मानव-जाति के जिन माने हुए नेताओं का विनाश के साधनों पर नियंत्रण हैं, वे उनका उपयोग करना पूरी तरह छोड़ दें और छोड़ने के गूढ़ार्थों को पूरी तरह जानकर छोड़ें, तो ही शांति स्थापित हो सकती है। यह साफ-तौर पर तब तक नामुमकिन है जब तक कि संसार की महान सत्ताएं अपने साम्राज्यवादी इरादों को तिलांजलि न दे दें। यह भी तब तक संभव नहीं होगा, जब तक बड़े-बड़े राष्ट्र आत्मनाशक स्पर्धा में विश्वास करना और जरूरतें बढ़ाकर अपनी भौतिक संपत्ति बढ़ाने की इच्छा रखना नहीं छोड़ देंगे। मेरा दृढ़ विश्वास है कि बुराई की जड़ चेतन ईश्वर में सजीव श्रद्धा का अभाव है। यह एक प्रथम श्रेणी की करुण घटना है कि संसार की वे जातियां, जो ईसा को शांति का राज कहकर उनके संदेश में विश्वास रखने का दावा करती हैं, वास्तविक व्यवहार में उस विश्वास का परिचय नहीं देतीं। यह देखकर दुःख होता है कि सच्चे ईसाई पादरी भी ईसा के सन्देश का क्षेत्र चुने हुए व्यक्तियों तक ही सीमित रखते हैं। मुझे बचपन से सिखाया गया है और इस सत्य की अनुभव से परीक्षा हो चुकी है कि छोटे से छोटे मानव-प्राणी भी मानव-जाति के प्राथमिक गुणों को अपने में पैदा कर सकते हैं। मनुष्यमात्र में निहित यह

अचूक शक्ति ही मनुष्य को ईश्वर की शेष सृष्टि से अलग करती है। अगर कोई एक राष्ट्र भी बिना शर्त यह परम त्याग का काम कर डाले, तो हममें से बहुतों को अपने जीवनकाल में इस पृथ्वी पर शांति स्थापित हुई देखने का सौभाग्य प्राप्त हो जाएगा।

हरिजन, 18-6-'38

अगर संसार के उत्तम व्यक्तियों ने अहिंसा की वृत्ति को ग्रहण नहीं किया, तो उन्हें गुंडागिरी का सामना पुरानी रीति से ही करना पड़ेगा। परन्तु इससे यही साबित होगा कि अभी तक हम जंगल के कानून से आगे नहीं बढ़े हैं, ईश्वर ने हमें जो देन दी है, उसकी कदर करना अभी तक हमने नहीं सीखा और उन्नीस सौ वर्ष पुरानी ईसाई धर्म की और उससे भी पुरानी हिन्दू, बौद्ध धर्म और इस्लाम की भी शिक्षा के बावजूद मानव-प्राणियों की हैसियत से हमने बहुत प्रगति नहीं की है। परन्तु जहां मैं यह समझ सकता हूं कि जिन लोगों में अहिंसा की वृत्ति नहीं है, वे बल का प्रयोग करें, वहां मैं चाहूंगा कि जो अहिंसा को जानते हैं वे अपना सारा जोर यह साबित करने में लगायें कि गुंडागिरी का मुकाबला भी अहिंसा ही करना होगा।

हरिजन, 10-12-'38

पशुबल का बोलबाला संसार में हजारों वर्ष से रहा है और इसका कड़वा फल मानव-जाति बराबर भुगत रही है। यह बात अंधे को भी दिखाई दे सकती है। इससे भविष्य में कुछ भी लाभ होने की आशा नहीं है। अगर अंधकार से प्रकाश पैदा हो सकती हो तो ही घृणा से प्रेम उत्पन्न हो सकता है।

दक्षिण अफ्रीका का सत्याग्रह (अंग्रेजी); पृ० 289

42

स्फुट विचार

मृत्यु

जब बच्चे, नौजवान या बूढ़े मरें तब हमें अशांत क्यों हो जाना चाहिये? इस संसार में एक भी क्षण ऐसा नहीं गुजरता जब कोई न कोई जन्मता या मरता न हो। हमें समझ लेना चाहिये कि जन्म की खुशी मनाना और मौत का मातम करना बड़ी बेवकूफी है। जो आत्मा को मानते हैं- और कौन हिन्दू, मुसलमान या पारसी ऐसा होगा जो आत्मा को नहीं मानता- वे जानते हैं कि आत्मा कभी मरती नहीं है। जीवितों और मृतों दोनों की आत्माएं एक ही हैं। उत्पत्ति और लय की शाश्वत क्रियाएं बराबर जारी रहती हैं। इसमें ऐसी कोई बात नहीं जिसके लिए हम सुख या दुःख के मारे बावले हो जाएं। अगर हम अपनी कौटुम्बिकता का ख्याल अपने देशवासियों तक भी बढ़ा लें और समझ लें कि देश में होने वाले सारे जन्म हमारे परिवार में ही हो रहे हैं तो हम कितन जन्मोत्सव मनायेंगे? अगर हम देश की सारी मृत्यु पर रोयें तो हमारी आंखों के आंसू कभी नहीं सूखेंगे। इस विचारधारा से हमें मौत के सारे डर से छुटकारा पाने में मदद मिलनी चाहिये।

यंग इंडिया, 13-10-'21

जन्म और मृत्यु दो भिन्न स्थितियां नहीं है, परन्तु एक ही स्थिति के दो अलग-अलग पहलू हैं। एक पर दुःखी होने और दूसरे पर खुशी मनाने का कोई कारण नहीं है।

यंग इंडिया, 20-11-'24

अमरता

मेरा आत्मा की अमरता में विश्वास है। मैं आपको महासागर की उपमा समझाऊंगा। महासागर पानी की बूंदों से बना है। प्रत्येक बूंद एक स्वतंत्र इकाई है और साथ ही सारे समुद्र का एक अंश भी है। इसी प्रकार जीवन के महासागर में हम सब छोटी-छोटी बूंदें है। मेरे सिद्धान्त का यह अर्थ है कि मुझे प्राणी मात्र के साथ एकता स्थापित करना चाहिये, मुझे ईश्वर की उपस्थिति में अखिल जीवन के गौरव का भागीदार बनना चाहिये। इन सब प्राणियों का समूचा योग ही तो ईश्वर है।

'इंडियाज़ केस फॉर स्वराज' (1932); पृ० 245

बीमा

मेरा ख़्याल था कि जीवन का बीमा कराने में भय और श्रद्धा का अभाव प्रकट होता है। अपने जीवन का बीमा कराकर मैंने अपने स्त्री-बच्चों का स्वालम्बन छीन लिया था। उनसे यह आशा क्यों न रखी जाए कि वे अपनी फिकर आप कर लेंगे? संसार के असंख्य गरीबों के परिवारों का क्या हाल होता है? मैं अपने आपको उन्हीं में से एक क्यों न समझूं? मेरे पास यह मान लेने का क्या कारण था कि मौत मुझे औरों से पहले बुला लेगी? आखिर तो सच्चा रक्षक न मैं हूं, न मेरे भाई, परन्तु सर्वशक्तिमान ईश्वर है।

आत्मकथा (अंग्रेजी) 1948; पृ० 320-21

साधन और साध्य

लोग कहते हैं, 'आखिर साधन तो साधन ही है।' मैं कहूंगा, 'आखिर तो साधन ही सब कुछ है।' जैसे साधन होंगे वैसा ही साध्य होगा। साधन और साध्य को अलग करने वाली कोई दीवार नहीं है। वास्तव में सृष्टिकर्ता ने हमें साधनों पर नियंत्रण (और वह भी बहुत सीमित नियंत्रण) दिया है, साध्य पर तो कुछ भी नहीं दिया। लक्ष्य-सिद्धि ठीक उतनी ही शुद्ध होती है जितने हमारे साधन शुद्ध होते हैं। यह बात ऐसी है जिसमें किसी अपवाद की गुंजाइश नहीं।

यंग इंडिया, 17-7-'24

राजनीति

सार्वत्रिक और सर्वव्यापी सत्य की भावना का प्रत्यक्ष दर्शन करने के लिए हममें छोटे से छोटे जीवन से अपनी ही तरह प्रेम करने का सामर्थ्य होना चाहिये और जो मनुष्य यह आकांक्षा रखता है वह जीवन के किसी क्षेत्र से बाहर नहीं रह सकता। यही कारण है कि मेरी सत्यनिष्ठा मुझे राजनीति के मैदान में खींच लाई है; और मैं जरा भी संकोच किये बिना और फिर भी पूरी नम्रता के साथ कह सकता हूं कि जो लोग यह कहते हैं कि राजनीति से धर्म का कोई वास्ता नहीं वे नहीं जानते कि धर्म का अर्थ क्या है।

आत्मकथा (अंग्रेजी) 1948; पृ० 614

मेरे लिए धर्मरहित राजनीति बिल्कुल गन्दी चीज है, जिससे हमेशा दूर रहना चाहिये। राजनीति का राष्ट्रों के हित से संबंध है। और जिस चीज का संबंध राष्ट्रों के हित से है उसके साथ उस मनुष्य का संबंध होना ही चाहिये, जिसकी धार्मिक वृत्ति हो या दूसरे शब्दों में जो ईश्वर और सत्य का शोधक हो। मेरे लिए ईश्वर और सत्य समानार्थक शब्द है और अगर कोई मुझे कहे कि ईश्वर असत्य या अत्याचार का ईश्वर है, तो मैं उसकी पूजा करने से इनकार कर दूंगा। इसलिए राजनीति में भी हमें स्वर्ग का राज्य स्थापित करना होगा।

यंग इंडिया, **18-6-'25**

जब तक मैं सारी मानव-जाति के साथ एकता सिद्ध न कर लूं, तब तक मैं धार्मिक जीवन व्यतीत नहीं कर सकता; और यह हो नहीं सकता यदि मैं राजनीति में भाग न लूं। आज मनुष्य की सारी प्रवृत्तियां एक अविभाज्य वस्तु बन गई है। आप सामाजिक, आर्थिक, राजनीतिक और धार्मिक कार्य को एक-दूसरे से असंबद्ध करके बिल्कुल अलग-अलग विभागों में नहीं बांट सकते। मैं मानवीय प्रवृत्ति से अलग किसी धर्म को नहीं जानता। उससे अन्य सब प्रवृत्तियों को नैतिक आधार मिलता है, जो और किसी तरह से नहीं मिलता और जिसके बिना जीवन 'निरर्थक शोरगुल' बन जाता है।

हरिजन, **24-12-'38**

प्रारब्ध

प्रश्न: क्या प्रत्येक व्यक्ति के लिए भगवान पहले से ही मृत्यु का समय, स्थान और ढंग मुकर्रर कर देता है? ऐसी बात हो तो हम बीमार पड़ने पर भी चिन्ता क्यों करें?

उत्तर: यह तो मैं नहीं जानता कि मृत्यु का समय, स्थान और ढंग पहले से निश्चित होता है। मैं इतना ही जानता हूं कि 'भगवान की मर्जी के बिना एक पत्ता भी नहीं हिलता।' इसका भी मुझे धुंधला-सा ही ज्ञान है। जो चीज आज धुंधली है वह भक्तिपूर्ण प्रतीक्षा से कल या परसों साफ हो जायेगी। लेकिन यह बिल्कुल स्पष्ट हो जाना चाहिये कि सर्वशक्तिमान परमात्मा हमारे जैसा कोई व्यक्ति नहीं है। वह बड़ी से बड़ी चेतन-शक्ति या नियम है। इसलिए वह न मनमानी करता है और न उस नियम में किसी संशोधन या सुधार की गुंजाइश है। उसकी इच्छा निश्चित और अपरिवर्तनीय है, बाकी सब चीजें हर वक्त बदलती रहती हैं। अवश्य ही प्रारब्ध के सिद्धान्त से यह नतीजा नहीं निकलता कि बीमारी में भी हम अपनी देखभाल की 'चिन्ता' न करें। बीमारी की लापरवाही बीमार पड़ने से भी बड़ा अपराध है। कल से आज और भी अच्छा करने की कोशिश का कोई अन्त नहीं है। हम बीमार क्यों हैं या क्यों हो गये, चिंता करके हमें इसका पता लगाना ही होगा। प्रकृति का नियम स्वास्थ्य है, बीमारी नहीं। हमें प्रकृति के नियमों की खोज करके उनका पालन करना चाहिये। तब हम बीमार नहीं पड़ेंगे या पड़ भी गये तो अच्छे हो जायेंगे।

हरिजन, 28-7-'46

प्रगति

विकास सदा प्रयोगात्मक होता है। गलतियां करने और उनको ठीक करने से ही सब प्रकार की प्रगति होती है। कोई भलाई ईश्वर के हाथों गढ़ी-गढ़ाई नहीं आती, परन्तु हमको ही बार-बार प्रयोग करके और बार-बार असफलताएं सहकार पैदा करनी होती है। यह व्यक्तिगत विकास का नियम है। सामाजिक और राजनीतिक विकास भी इसी नियम के अधीन है। भूल करने का अधिकार, जिसका अर्थ प्रयोग करने की स्वंतत्रता है, सभी प्रकार की प्रगति की सार्वत्रिक शर्त है।

'स्पीचेज़ एण्ड राइटिंग्स ऑफ महात्मा गांधी' (1933.) पृ0 245

राष्ट्रों ने विकास और क्रांति दोनों तरीकों से तरक्की की है। एक की जितनी जरूरत है उतनी ही दूसरी की है। मृत्यु, जो एक शाश्वत सत्य है, क्रान्ति है और जन्म व उसके बाद की स्थिति धीमा और निश्चित विकास है। मनुष्य के विकास के लिए जीवन जितना जरूरी है उतनी ही मृत्यु जरूरी है। संसार में जितने क्रान्तिकारी हुए हैं या होंगे, उनमें ईश्वर सबसे बड़ा है। जहाँ क्षण भर पहले शांति होती है वहां वह तूफान भेज देता है। जिन पहाड़ों को वह अत्यंत सावधानी और अनन्त धैर्य से बनाता है, उन्हें वह जमीन से मिला कर समतल कर देता है। मैं आकाश को निहारता हूं तो वह मुझे भय और आश्चर्य से भर देता है। भारत और इंग्लैण्ड दोनों के शांत नीले आकाश में मैं बादलों को इकट्ठा होते और जितनी भीषणता से गरजते और बरसते देखा है कि मैं दंग रह गया हूं। इतिहास कथित क्रमबद्ध प्रगति की अपेक्षा अद्‌भुत क्रान्तियों का लेखा अधिक है।...

यंग इंडिया, 2-2-'22

पुनर्जन्म

मैं पूर्वजन्म और पुनर्जन्म को मानने वाला हूं। हमारे सारे संबंध पूर्व जन्म से प्राप्त संस्कारों के परिणाम है। ईश्वर के नियम दुर्बोध है और अनन्त खोज के विषय हैं। उनकी गहराई का कोई पता नहीं लगा सकेगा।

हरिजन, 18-8-'40

धार्मिक शिक्षा

मैं नहीं मानता कि धार्मिक शिक्षा की योजना करना राज्य का काम है या कि उसकी योजना वह सफलतापूर्वक कर सकता है। मैं मानता हूं कि धार्मिक शिक्षा एकमात्र धार्मिक संस्थाओं का ही काम होना चाहिये। धर्म और नीतिशास्त्र को मिला न दीजिये। मैं मानता हूं कि बुनियादी नीति शास्त्र सब धर्मों में एक सा है। बुनियादी नीतिशास्त्र की शिक्षा देना बेशक राज्य का काम है। धर्म से मेरे दिमाग में बुनियादी नीतिशास्त्र नहीं आता, मगर वह चीज आती है जिसे पंथवाद कहा जाता है। हम राज्य द्वारा सहायता-प्राप्त धर्म से और राज्यद्वारा समर्थित धर्म-संस्था से काफी कष्ट भोग चुके हैं। जो समाज या समूह अपने धर्म के अस्तित्व के लिए राज्य पर थोड़ा या पूरा आधार रखता है उसका कोई धर्म नहीं होता या यों कहें कि उस के धर्म को सच्चे अर्थ में धर्म नहीं कहा जा सकता।

यह सत्य इतना स्पष्ट है कि उसके समर्थन में मुझे कोई दृष्टान्त देने की जरूरत नहीं मालूम होती।

हरिजन, 31-8-'47

धार्मिक आदर्श

...किसी धार्मिक आदर्श की खूबी ही इस बात में है कि वह शरीर द्वारा पूरी तरह सिद्ध नहीं किया जा सकता। कारण, कोई भी धार्मिक आदर्श श्रद्धा द्वारा प्रमाणित होना चाहिये और श्रद्धा कैसे काम कर सकती है, यदि आत्मा, मिट्टी के नाशवान पुतले' से घिरी रहकर भी संपूर्णता को प्राप्त कर ले? अनन्त विस्तार उसका विशिष्ट धर्म है। शरीरबद्ध होते हुए उसके लिए गुंजाइश ही कहां होगी? यदि मृत्युलोक के प्राणी शरीरस्थ होते हुए भी संपूर्णवस्था में पहुंच जाये तो फिर आदर्श के खातिर सतत प्रयत्न करने के लिए ...निरन्तर खोज करने के लिए जगह ही कहां रहेगी? अगर शरीर में रहकर इतनी आसानी से संपूर्णता संभव हो, तो हमें किसी गढ़े-गढ़ाए नमूने का अनुसरण करना ही रह जाएगा। इसी प्रकार यदि सबके लिए एक संपूर्ण आचारशास्त्र संभव हो, तो फिर भिन्न-भिन्न धर्मों और मतपन्थों के लिए कोई गुंजाइश नहीं होगी, क्योंकि एक ही नपा-तुला धर्म होगा जिस पर सबको चलना पड़ेगा।

यंग इंडिया, 22-11-27

गुप्तता

मैं गुप्तता पाप समझने लगा हूं। ...अगर हम अच्छी तरह समझ लें कि हम जो कुछ कहते और करते है। उस सबका ईश्वर साक्षी होता है, तो हमारे लिए संसार में किसी से भी कोई चीज छिपाने को नहीं रहेगी। कारण हम अपने प्रभु के सामने अपवित्र विचार करेंगे ही नहीं, कहने की तो बात ही क्या? अपवित्रता ही गुप्तता और अंधकार ढूंढती है। मानव-स्वभाव की प्रवृत्ति गंदगी को छिपाने की होती है। हम गंदी चीजों को देखना या छूना नहीं चाहते। हम उन्हें अपनी आंखों से ओझल कर देना चाहते हैं और यही बात हमारी वाणी की होनी चाहिये। मेरा कहना यह है कि हम जिन विचारों को संसार से छिपाना चाहें उन्हें सोचने से भी हमें परहेज करना चाहिये।

यंग इंडिया, 22-12-'20

पाप

मैं अपने पापों के परिणाम से अपनी रक्षा चाहता; मैं तो स्वयं पाप से या यों कहिये कि पाप के विचार तक से अपना उद्धार चाहता हूँ। जब तक मैं उस लक्ष्य तक पहुंच नहीं जाता तब तक मैं बेचैनी से ही संतोष कर लूंगा।

'महात्मा गांधीज आअिडायाज़' (1930); पृ0 70

ईश्वर की नजर में पापी सन्त के ही बराबर है। दोनों को समान न्याय मिलेगा और दोनों को आगे बढ़ने या पीछे हटने का समान अवसर मिलेगा। दोनों उसकी सन्तान है, उसकी सृष्टि है। जो सन्त अपने को पापी से श्रेष्ठ समझता है, वह अपना सन्तपन खो देता है और पापी से भी बुरा बन जाता है; क्योंकि पापी को यह ज्ञान नहीं है कि वह क्या कर रहा है, जब कि संत को है या होना चाहिये।

हरिजन, 14-10-'33

मैंने अपने अनेक पापों को बिल्कुल खुले तौर पर मंजूर किया है। परन्तु मैं उनका भार अपने कंधों पर लिये नहीं फिरता। अगर मैं ईश्वर की ओर बढ़ रहा हूं, जैसा कि मैं अनुभव करता हूँ, तो मैं सुरक्षित हूं। कारण, मुझे उसकी मौजूदगी की गरमी महसूस हो रही है। मैं मानता हूं कि मेरे संयम, उपवास और प्रार्थनाओं आदि का कोई मूल्य नहीं, अगर मैं अपने सुधार के लिए उन पर आधार रखूं। परन्तु यदि, जैसी मुझे आशा है, वे एक ऐसी आत्मा के तड़पने के प्रतीक है, जो अपने प्रभु की गोद में अपने थके-मांदे मस्तक को रखकर सो जाने की कोशिश कर रही है, तो उनका अकल्पनीय महत्त्व है।

हरिजन, 14-4-'36

मृतात्माओं से संपर्क

मुझे मृतात्माओं से कभी सन्देश नहीं मिलते। जैसे संदेशों के मिलने की संभावना में अविश्वास करने के लिए मेरे पास कोई प्रमाण नहीं है। परन्तु इस प्रकार के संपर्क रखने या रखने के प्रयत्न को मैं जरा भी पसन्द नहीं करता। अक्सर वे भ्रमपूर्ण और कल्पना की उपज होते हैं। यदि यह मान लिया जाए कि इस प्रकार के वार्तालाप हो सकते हैं, तो भी यह क्रिया माध्यम और आत्म

दोनों के लिए हानिकारक है। इससे बुलाई हुई आत्मा पृथ्वी की ओर आकर्षित होकर उस के बंधन में फंसती है, जब कि उसकी कोशिश संसार अनासक्त रहने और उंचे उठने की होनी चाहिये। आत्म शरीर छोड़ने से ही अधिक शुद्ध नहीं हो जाती। वह अपने साथ वे सब कमजोरियां ले जाती है जो पृथ्वी पर उसमें थी। इसलिए यह जरूरी नहीं कि उसकी दी हुई जानकारी या सलाह सही या ठीक ही हो। आत्मा को सांसारिक प्राणियों से संपर्क रखना पसन्द है, यह कोई खुशी की बात नहीं। इसके विपरीत, उसे ऐसी गलत आसक्ति से छुड़ाना चाहिये। यह तो हुई आत्माओं को होने वाली हानि की बात।

यंग इंडिया, 12-9-'29

रही बात माध्यम की। मैं निश्चयपूर्वक जानता हूं कि मेरे अनुभव में आये हुए ऐसे व्यक्ति जब तक मृतात्माओं से संपर्क साधने का यह काम सचमुच करते रहे या इस भ्रम में रहे, तब तक उनका दिमाग बिगड़ा हुआ या कमजोर रहा, और वे व्यावहारिक कार्य के अयोग्य रहे। मुझे अपने किसी मित्र के बारे में यह याद नहीं कि उसे इस प्रकार के संपर्क से कुछ भी लाभ हुआ हो।

यंग इंडिया, 12-9-'29

अंधविश्वास

ज्यों ही हम सच्चा और सरल जीवन व्यतीत करना शुरू कर देते हैं, त्यों ही अन्धविश्वास और अवांछनीय बातें चली जाती है। लोगों के विश्वास को सुधारना मेरा काम नहीं है। मैं तो उन्हें सदाचारी बनने को कहता हूं। ज्यों ही वे ऐसा करने लगते हैं, उनका विश्वास अपने आप ठीक हो जाता है।

यंग इंडिया, 11-8-'27